I0464302

Comment bien gagner sa vie
en publiant facilement…

… Sans éditeur, sans investir, sans être un auteur né !

Eric Nicolas

Comment bien gagner sa vie en publiant facilement...

... Sans éditeur, sans investir, sans être un auteur né !

http://www.laplumeautonome.com
http://www.facebook.com/laplumeautonome

ISBN-13: 978-1481016254
ISBN-10: 1481016253

Table of Contents

Introduction

A vous qui avez ce guide en main pour la toute première fois, si vous débarquez dans le monde de l'édition numérique vous êtes exactement là où j'étais avec probablement des interrogations, attentes et doutes similaires.

Je vous envie ! En me souvenant du moment excitant où j'ai pu trouver le meilleur chemin pour mener enfin une activité vraiment passionnante, lucrative et nécessitant peu de temps et efforts pour sa gestion...

Vous aussi pouvez avoir la chance de vivre cela, si vous choisissez de publier pour gagner votre vie en suivant mes recommandations.

Honnêtement cela n'a vraiment rien de compliqué. Et même là où vous pourriez avoir des troubles techniques, il existe variété de tutoriels sur le web mais dans ce guide déjà, je vais vous donner des éléments et pistes qui vont vous faciliter la tâche.

Et pour ne pas se méprendre vous aurez donc compris – au vu du prix ridicule auquel je le vends pour le moment - que le but premier de ce guide n'est certainement pas de m'enrichir en le publiant, mais bien de vous livrer les stratégies que j'utilise pour vendre des centaines de livres dans plusieurs domaines différents.

Les tous premiers articles de mon blog La Plume Autonome ont déjà permis à des auteurs en herbe de se lancer avec les bonnes bases, et je continuerai à y ajouter du contenu. Ce guide va plus loin dans ces bases et bien plus encore.

Plus précisément, quand vous l'aurez terminé vous aurez en main tout ce qu'il faut pour publier dans le sujet de votre choix, et faire progressivement des revenus qui tombent où que vous vous trouviez, en famille, à la plage et n'importe où vous n'aurez pas à vous tuer au boulot.

Avec tous les bénéfices que j'ai reçus et reçois encore de cette activité unique, il m'a semblé naturel de rendre ma contribution à la communauté en partageant mon savoir. Quant à la moindre crainte de concurrence il n'y en a aucune, dans un domaine tellement riche en sujets que je n'aurais jamais assez d'une vie ni même de deux, pour les exploiter tous.

C'est donc une immense joie pour moi de partager cette expérience avec vous. Aussi, j'aurais grand plaisir à vous connaître: N'hésitez donc pas à devenir fan de La Plume Autonome sur Facebook pour y laisser vos commentaires et questions, et de visiter le blog à l'occasion ;)

A votre futur succès d'auteur-éditeur indépendant !

LÉGALITÉ

MARQUES

Les marques mentionnées dans ce livre le à titre purement informatif, sans intention de publicité ni de contrefaçon.

RESPONSABILITÉ : Le but de ce guide est purement informatif, les résultats évoqués ne sont donc pas garantis car dépendants pour l'essentiel du degré d'engagement et de suivi de chacun, dans l'activité d'auto-édition.

1. Pourquoi devenir auteur-éditeur independant?

Les raisons peuvent varier, et chacun a ses propres motivations mais la perspective de générer des revenus dits «passifs» et la liberté de gérer son temps, sont les motivations les plus répandues.

Vous pouvez bien entendu y ajouter la motivation que vous voulez, comme celle de mener une activité passionnante qui ne vous donne jamais l'impression de travailler. Votre imagination est la seule limite.

Si je devais résumer l'activité d'auteur-éditeur indépendant en 3 points, je dirais qu'il s'agit d'une activité honnête et légale permettant :

- De gagner convenablement sa vie tout en amenant de la valeur aux gens.

- De se passer des services et du bon vouloir d'un éditeur grippsou, ces derniers étant souvent plus calés en tableaux Excel technocratiques, qu'en écriture.

- De ne pas avoir à travailler sous la coupe d'un boss plus stupide que soi !

Votre choix : Fiction ou Informatif ?

Il faut suivre votre cœur et votre feeling. Si vous vous sentez l'âme d'un conteur d'histoires, n'hésitez pas à aborder la fiction. En écrivant de la fiction, vous amenez une forme de valeur aux gens en leur apportant la détente et l'évasion.

Mais une autre façon d'amener de la valeur lorsqu'on est pas un romancier-né, est de publier du contenu dit «informatif».

Des guides, si vous préférez. Un mini-guide de moins de 50 pages peut vous amener beaucoup de ventes, comme on va le voir dans un exemple concret. Maintenant, vous pourriez vous demander pourquoi les gens iraient acheter de l'information qu'ils peuvent se procurer gratuitement sur Internet.

La réponse est simple et vous l'avez entre les mains : Le temps. Vous faites gagner un temps précieux à vos lecteurs ! Par exemple, vous pourriez retrouver la plupart des techniques que je vais vous révéler dans ce guide, après des centaines d'heures de recherche sur le web, des plantages, des bugs, des réussites et des échecs, etc. sans compter les heures de trainings made in US bref...

... Tout ce que vous n'aurez pas à affronter en ayant ce guide entre les mains ;)

Il n'en va pas autrement pour vos futurs lecteurs, qui préféreront s'acquitter d'un prix modique pour avoir tout l'essentiel de l'information en un seul endroit, condensée dans un seul ouvrage à lire partout en déplacement, etc...

Ceci dit je vous recommande fortement de suivre un principe important pour réussir dans l'auto-édition là où d'autres échouent : C'est d'avoir une réelle valeur ajoutée à apporter à vos lecteurs. Trop d'auteurs en herbe négligent cela et publient tout et n'importe quoi dans le seul et unique but d'en tirer profit.

Bien entendu, les profits ont aussi leur importance mais ne doivent pas être votre unique motivation : Concentrez-vous sur la beauté de notre métier, sur la valeur que vous amenez aux autres (certaines astuces contenues dans ce guide vous y aideront) et les profits viennent alors d'eux-mêmes ;)

Sans trop m'attarder sur les chiffres, le marché des ebooks aux Etats-Unis a largement dépassé celui de l'édition papier depuis des années. L'utilisation de plus en plus répandue des tablettes et smartphones y contribue.

On assiste donc à un développement qui peut uniquement progresser, bien que le marché numérique ne dépasse pas encore le papier en Francophonie (Par 'Francophonie' j'entends non seulement France mais aussi Suisse, Belgique, Canada, Afrique du Nord...).

Et là encore il existe un système d'impression «à la demande» qui permet de publier en version papier sans avancer les frais d'impression : Createspace.

Createspace est un autre système avec d'autres protocoles de formatage, d'édition... Et n'était jusqu'à présent disponible qu'aux US. Maintenant, on peut avoir ce système d'impression 'à la demande' en Europe, permettant de publier en version papier sans frais puisque les livres sont imprimés individuellement, au fur et à mesure des commandes.

Cependant, c'est un autre circuit de distribution qui fera peut être l'objet d'un autre guide, et ne sera pas développé davantage ici. C'est une deuxième étape intéressante lorsque vous vous sentirez prêt à passer à la vitesse supérieure, après avoir sondé le marché avec vos livres numériques.

Ce guide est fondé sur l'édition numérique avant tout, et plus particulièrement pour publier facilement et faire des profits en collaborant avec la société Amazon.

Détendez-vous donc, et accordez-vous à partir de ce jour la possibilité de réussir vraiment, avec la certitude d'avoir entre les mains un guide qui va vous ouvrir le monde de l'édition numérique sur un plateau.

Vous n'avez pas besoin d'être un auteur professionnel, ni de savoir écrire de la fiction : si vous savez écrire de la fiction vous pouvez en publier, dans le cas contraire vous pouvez publier de l'information même dans un domaine qui vous est totalement inconnu, comme on va le voir.

Vous n'aurez aucun compte à rendre à un éditeur, encore moins à un boss. Vos royalties perçus seront de 35 à 70 %, contre 8 à 12 % en moyenne chez un éditeur traditionnel. Vous pourrez produire du contenu à votre rythme, sans stress externe et avec un système qu'il vous suffira de mettre en place, lancer, et passer au contenu suivant.

Un point que vous devrez toujours garder présent à l'esprit, est de suivre les conditions d'utilisation de la plateforme sur laquelle vous allez publier, dans notre exemple Amazon KDP. Elles sont simples et je reviendrai dans ce guide, sur la plus importante d'entre elles à propos du contenu.

Après cela, roulez jeunesse avec les pieds en éventail. Aucun travail d'envoi d'emails si vous ne le souhaitez pas. Aucun blogging si vous ne le souhaitez pas. Aucune astreinte de création de site, d'implication dans les réseaux sociaux ni d'affiliation, ni de référencement Google. Et dois-je préciser, aucune campagne de pub à mettre en place.

Car *Amazon* s'occupe de tout, de la distribution à la promo. Comme on va le voir, un plan d'attaque et une bonne organisation vous permettront de démarrer aujourd'hui même et publier votre premier ebook en moins d'une semaine si vous le souhaitez.

Et cela commence par votre plan d'action !

2. Votre plan d'action

Rassurez-vous, je ne vais pas entrer dans des considérations de plans complexes : Mon niveau scolaire ne dépasse pas la troisième et s'il est vrai que j'ai toujours eu de bonnes aptitudes en français j'en avais beaucoup moins en maths ;)

Si vous aimez les chiffres tant mieux, vous aurez plus de plaisir encore à planifier et calculer vos royalties ;) Mais les plans, stats et autres chiffres qui vont être abordés ici sont simples et il n'y a aucun calcul à faire : il suffit de copier-coller des données sur le web, et de les garder de côté pour référence.

Pour commencer si ce n'est pas encore fait, il vous faut ouvrir un compte sur la plateforme KDP d'Amazon en tapant le lien suivant dans votre navigateur :

https://kdp.amazon.com/self-publishing/signin

C'est gratuit et aussi simple que d'ouvrir un compte email. A ce propos, je vous recommande d'utiliser votre adresse email principale, celle que vous consultez le plus souvent, pour ouvrir votre compte sur KDP.

De cette façon, vous recevrez toujours les informations importantes liées à votre compte.

Bravo, vous voilà déjà éditeur indépendant sans avoir déboursé un centime ! En tout cas c'est le premier pas franchi et comme on le verra plus loin avec les «noms de plume», vous allez pouvoir à partir d'un seul compte, publier sous autant de noms d'auteurs que vous voulez !

Maintenant, il vous faut choisir un ou plusieurs sujets sur le/lesquels publier et même si vous n'en avez pas sous la main, vous allez voir qu'en trouver est un vrai jeu d'enfant.

Mais avant cela, il vous faut accepter une idée parfois difficile à admettre : S'il existe un ou plusieurs domaines dans lesquels vous êtes passionnés et avec plus ou moins d'expertise, vous n'allez pas forcément faire le plus de profits dans ces domaines sauf si la demande y est forte.

Tout simplement parce que la loi du marché ne peut vous apporter des profits que là où il y a de la demande, et il se peut qu'un ou plusieurs domaines qui vous passionnent ne bénéficient pas d'une large audience.

3. Sélectionnez une ou plusieurs catégories

On va donc supposer que vous partiez de rien, sans idées particulières. Vous allez faire l'inverse de tous ceux qui font l'erreur de publier d'abord pour seulement ensuite «jauger» si ça marche ou pas (vous pourrez donc faire des profits plus rapidement qu'eux, en publiant le contenu approprié dès le départ ;)

Pour commencer, vous allez vous rendre sur Amazon.fr et plus précisément dans la catégorie 'Livres'. Vous devriez avoir un écran ressemblant à celui-ci (Fig.1)

Figure 1 - Recherche catégories Amazon

Comme vous pouvez voir sur l'image, dans la colonne de gauche d'Amazon le nombre d'ouvrages par catégorie est indiqué en face de chacune, entre parenthèses. Ce nombre est un excellent premier indicateur des profits réalisables ou non dans les catégories.

Par exemple, une catégorie qui rassemble moins de 100 ouvrages en français a peu de chances de générer des profits. C'est entre autres le cas de la rubrique «Manga», voici ce qu'on obtient en cliquant cette rubrique (Fig.2)

Figure 2 - Exemple Catégorie 'Manga'

En cliquant sur le premier ebook Kindle de cette catégorie puis en descendant sur la page on peut voir sous «Détails sur le produit», quelques infos sur son classement (Fig.3)

Figure 3 - Exemple Manga: Classement

Dans le classement des meilleures ventes d'Amazon, ce livre est numéro 5.761 et donc très loin du Top 100 de la Boutique Kindle.

Autrement dit et même en supposant que vous soyez passionné/e de mangas, vous auriez très peu de profits à faire dans cette rubrique pour le moment (les tendances peuvent toujours changer mais en attendant, il vous faut faire des profits maintenant.)

Revenons donc au point de départ dans la rubrique «Ebooks Kindle» en sélectionnant cette fois la catégorie «Santé et bien-être» qui inclut + de 3000 ouvrages et donc sans aucun doute très populaire.

Vous pourriez aussi vous inquiéter de la concurrence mais en réalité, vous ne devriez vraiment pas : d'abord une catégorie de ce type est ensuite divisée en plusieurs sous-catégories, comme dans le cas présent «Alimentation», «Beauté», «Développement personnel», etc..

Et puis, qui dit concurrence dit marché important, dans lequel vous avez-vous aussi des chances de vous placer (surtout en appliquant les astuces que vous allez apprendre ici ;)

Voici donc un aperçu de la catégorie «Santé et Bien-Être» :

Figure 4 - Exemple Catégorie 'Santé & Bien-Être'

Si j'épluche les détails des 2 premiers, en cliquant d'abord sur ce «Décodeur de la manipulation...» on voit que le livre a 21 commentaires, ce qui est déjà plus encourageant mais le meilleur est dans les détails du livre :

Figure 5 - Exemple 'Communication': Classement

Détails sur le produit
Format : Format Kindle
Taille du fichier : 826 KB
Nombre de pages de l'édition imprimée : 156 pages
Editeur : Editions Générales First (3 mars 2011)
Langue : Français
ASIN: B005R23LNY
Prêt en cours: Non activé
Moyenne des commentaires client : ☆☆☆☆☆ ⊞ (21 commentaires client)
Classement des meilleures ventes d'Amazon: n°22 dans la Boutique Kindle (Voir le Top 100 dans la Boutique Kindle)
     n°1 dans Boutique Kindle > Ebooks Kindle > Sciences humaines > Psychologie et psychanalyse
     n°2 dans Livres > Sciences humaines > Psychologie et psychanalyse > Connaissance de soi, développement personnel > Communication interpersonnelle
     n°2 dans Boutique Kindle > Ebooks Kindle > Santé et Bien-être

L'ebook est classé 1 & 2 dans 3 catégories et occupe la place 22 dans le Top100 d'Amazon, frôlant les 20 premiers privilégiés du Top20.

Cependant en étudiant davantage les détails de ce livre, on s'aperçoit que l'auteur a un certain parcours déjà. En me mettant dans la peau d'un débutant qui veut faire ses premières percées, je préfèrerais un exemple plus à ma portée mais encourageant, et avec moins de 156 pages pour commencer.

Concrètement, si on jette un œil (Figure 4) sur le Numéro 2 du classement «Amenez-le à vous supplier d'être votre petit ami...» quelques détails sont intéressants à observer :

Figure 6 - Exemple 'Petit Ami': Classement

Détails sur le produit
Format : Format Kindle
Taille du fichier : 132 KB
Nombre de pages de l'édition imprimée : 43 pages
Editeur : Flow Media, LLC; Édition : 1ère (6 octobre 2012)
Langue : Français
ASIN: B009N4A4NM
Prêt en cours: Non activé
Moyenne des commentaires client : ☆☆☆☆☆ ⊞ (2 commentaires client)
Classement des meilleures ventes d'Amazon: n°13 dans la Boutique Kindle (Voir le Top 100 dans la Boutique Kindle)
     n°1 dans Boutique Kindle > Ebooks Kindle > Santé et Bien-être > Famille - Parents
     n°1 dans Boutique Kindle > Ebooks Kindle > Santé et Bien-être > Couples
     n°5 dans Livres > Santé et Bien-être > Couples

L'ebook est classé 1er dans 2 catégories et occupe la place 13 dans le Top20 d'Amazon, soit encore mieux que l'exemple précédent et avec seulement 43 pages et 2 commentaires ! Autant dire un nombre satisfaisant de ventes.

 Les exemples «Mangas» et «Santé / Bien-être» sont deux exemples volontairement extrêmes pour démontrer que d'un bout à l'autre, le choix d'une catégorie est crucial dès le départ, pour ne pas risquer ensuite de concentrer trop de temps et d'efforts sur du contenu qui se vendrait peu.

En résumé, une «bonne catégorie» inclut =

1. + de 100/200 ouvrages
2. Des livres référençables dans le Top100 voire le Top20 d'Amazon

Quand vous aurez sélectionné une ou plusieurs catégories en suivant ces critères, vous pouvez passer à l'étape suivante. Je vous recommande pour éviter de vous disperser, de commencer avec une seule catégorie en notant les autres quelque part pour plus tard.

Si par chance une catégorie à fort potentiel se trouve être un domaine qui vous attire et/ou dans lequel vous avez déjà une certaine connaissance, tant mieux. Dans le cas contraire, sélectionnez la catégorie à fort potentiel qui vous interpelle le plus.

Evitez en tout cas de choisir une catégorie dont le sujet vous contrarie ou ne vous motive pas du tout, juste parce que la demande est forte : Vous risqueriez de ne pas y mettre assez de cœur et donc d'obtenir des résultats décevants.

Maintenant, analysons la concurrence en moins de cinq minutes.

4. Analysez vos concurrents en quelques clics

Jetez un œil plus approfondi sur le deuxième ebook de la catégorie que vous avez choisi d'explorer. Pour poursuivre avec notre exemple, en cliquant sur le 2ème livre sorti dans «Santé & Bien-Être» voilà les premières infos qui vont nous servir :

Figure 7 - Exemple 'Petit Ami' : Fiche produit'

1er point fort : La couverture. Elle n'a rien de sophistiqué et pourtant, elle attire l'œil car elle est belle et sobre et surtout... Les usagers peuvent immédiatement voir de quoi il s'agit grâce à un titre lisible même en format réduit. Ceci est extrêmement important, surtout quand on sait que la majorité de vos futurs lecteurs se connecte depuis une tablette ou un smartphone !

Nous reviendrons sur l'aspect couverture un peu plus tard, mais notez d'ores est déjà que c'est un élément important de votre stratégie de vente, selon un principe de base simple à retenir : Un produit qui attire l'œil en vitrine avec un bel emballage, se vend mieux qu'un autre.

2nd point positif : Le titre. Il est très accrocheur, et évoque la facilité avec 6 étapes simples. L'auteur a bien cerné son futur lectorat de personnes à la recherche de solutions rapides pour les problèmes de famille et de couple, et élargit son audience en ressortant dans plusieurs catégories.

L'utilisation d'un nombre comme «6 étapes..» «Les 5 meilleurs exercices...» est aussi une bonne formule. «7 façons de...», «101 moyens pour...» sont aussi des sous-titres accrocheurs, vous pouvez en développer d'autres et adapter au sujet choisi.

3ème point positif : Un prix bas et attractif, tout simplement. Il y a de fortes chances pour que cet auteur ait choisi un prix de lancement très bas qui ne lui assure pas un profit immédiat, mais lui a permis une grimpée fulgurante dans les résultats de meilleures ventes.

De cette façon, il réalisera beaucoup plus de profits non seulement dès qu'il aura stoppé la promo limitée pour revenir à un prix normal, mais aussi en s'assurant des ventes plus rapides et nombreuses sur ses futures publications, qu'il peut vendre à prix plus élevé à une audience de lecteurs acquise, et qui lui fait déjà confiance en tant qu'expert dans son domaine.

Astuce complémentaire : Vérifiez rapidement les commentaires clients sur le livre de votre concurrent. Relevez les observations positives – mais aussi négatives – les plus fréquemment soulevées par les utilisateurs. Cela vous aidera à mieux apporter encore à vos futurs lecteurs, ce qu'ils attendent de vous.

La stratégie que je vais vous révéler maintenant va vous ouvrir la possibilité de vous imposer comme expert dans n'importe-quel domaine.

D'abord, il est temps de faire rapidement connaissance avec vos futurs lecteurs !

5. «Rencontrez» votre audience en quelques clics

Vos futurs lecteurs que nous appellerons ici votre «audience» sont la meilleure source pour déterminer quel type de contenu va les séduire. Mieux connaître vos futurs lecteurs est la meilleure façon de vous assurer des ventes sur le long terme.

Vous n'avez pas le temps de contacter des personnes, et ce n'est de toute façon pas nécessaire. Mais les données telles leur tranche d'âge, niveau de revenu, d'éducation, enfants ou pas… sont des données qui nous seraient bien utiles, alors… Comment obtenir de telles données facilement, rapidement et… Gratuitement ?

La réponse : http://www.quantcast.com

C'est un site américain mais rassurez-vous, même le plus nullissime en anglais peut s'en sortir tant c'est simple et puis, je vais vous guider avec des photos d'écran. Quantcast va nous permettre de cerner rapidement le profil de lecteurs qui colle le plus à la catégorie à fort potentiel qu'on a choisi d'analyser.

Ensuite, je vous montrerai comment entrer facilement dans l'esprit de votre audience, mais chaque chose en son temps : Pour le moment voyons comment lancer facilement une analyse avec Quantcast. Restons dans «Santé bien-être» par exemple avec la pensée positive, très tendance. En tapant ce mot-clef dans l'outil Google Traduction, on obtient en anglais 'positive thinking'.

En entrant 'positive thinking' dans Google.com en anglais (Aller sur Google.com *pas* .fr, et cliquer le lien 'Google.com in english' en milieu de page Google.) voilà ce qu'on obtient :

Figure 8 - Recherche Google 'Positive Thinking'

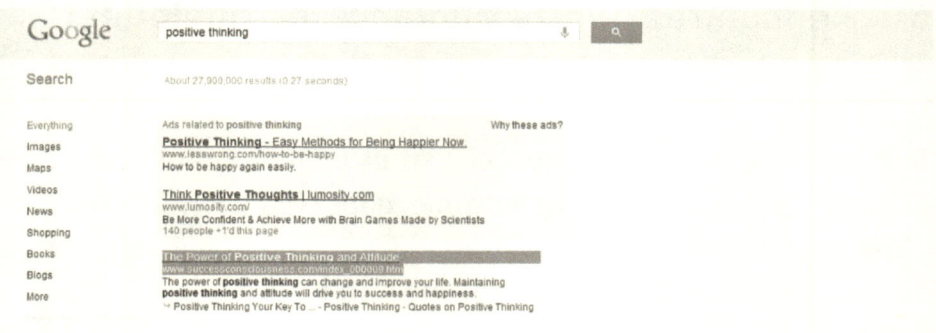

Puis on repère tout simplement le premier résultat naturel qui ressort, sans tenir compte des publicités Google dans le carré rose au-dessus. On clique sur le site trouvé, puis dans le navigateur on fait un copié-collé du lien (seulement jusqu'à .com) qu'on reporte dans Quantcast :

Figure 9 - Recherche Quantcast

Après avoir cliqué 'Search' on obtient les données suivantes =

Figure 10 - Résultats Quantcast

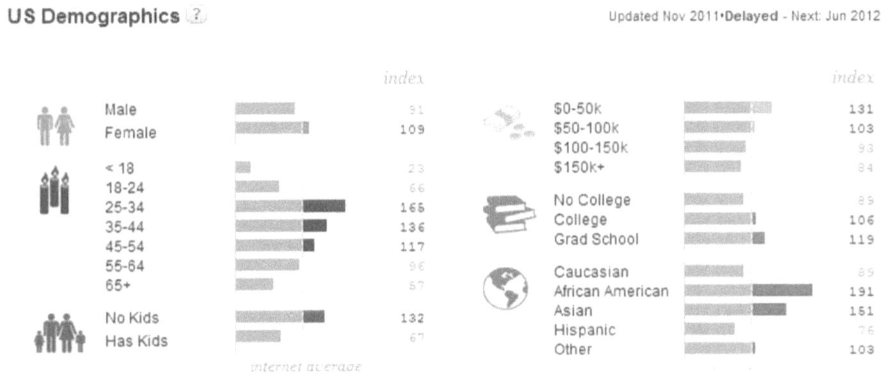

US Demographics ?   Updated Nov 2011·Delayed - Next: Jun 2012

	index			index
Male	91	$0-50k		131
Female	109	$50-100k		103
		$100-150k		93
< 18	23	$150k+		84
18-24	66			
25-34	165	No College		89
35-44	136	College		106
45-54	117	Grad School		119
55-64	96			
65+	87	Caucasian		89
		African American		191
No Kids	132	Asian		151
Has Kids	67	Hispanic		76
		Other		103

internet average

Bien qu'il s'agisse de données démographiques américaines, on peut estimer que le profil attiré par ce type de contenu soit quasiment le même partout, quelle que soit la culture. Les symboles permettent de cerner rapidement le profil de lecteur le plus interpellé par tout se qui se rapporte au sujet choisi, ici la pensée positive.

Or notre lectorat est composé essentiellement de femmes de 25 à 34a, sans enfants, avec un revenu pouvant aller jusqu'à environ 80 K€ / an, et avec un niveau d'éducation plutôt bien gradué.

Les données ethniques elles, sont vraiment de nature locale et ne nous seront d'aucune utilité : Nous avons un profil global déjà très bien renseigné. Une fois notre audience cernée, on va la sonder.

Gardez bien ces données démographiques de côté, elles vont nous servir un peu plus tard.

6. Sondez votre audience

A présent vous allez pouvoir – toujours sans avoir à contacter personne – sonder votre audience et plus précisément, mieux capter ses attentes, ses questions, ses angoisses, ses coups de gueule etc...

C'est ce que j'appelais plus haut «Entrer dans leur esprit» : Cela va vous permettre d'orienter votre contenu dans la bonne direction, en apportant à vos lecteurs exactement ce qu'ils attendent.

Cela va aussi vous aider à construire plus facilement votre «chapitrage».

Pour ce faire, il suffit d'aller dans les forums «Yahoo Questions/Réponses» et de taper notre mot-clef :

Figure 11 - Recherche Yahoo Questions / Réponses

En lançant votre recherche, vous aurez la liste des questions les plus souvent posées sur n'importe quel sujet. Les forums étant ouverts à tous, vous risquez de croiser quelques questions inutiles (et parfois certaines réponses qui le sont encore plus) mais ne vous découragez pas pour autant, en creusant un peu vous allez trouver :

1. Des questions qui reviennent le plus souvent : Copiez-collez ces questions (dans Notepad ou Wordpad par exemple), enregistrez le fichier à un endroit où vous pouvez le retrouver facilement, dans l'idéal le même dossier que celui de votre futur ebook.

2. Des réponses à ces questions votées comme étant les meilleures. Collez-les aussi, en-dessous des questions respectives dans votre document.

Si vous ne trouvez pas suffisamment de questions/réponses sur un mot-clef, essayez avec une autre expression connexe (ici par exemple «relaxation», «gestion du stress» etc..

C'est une recherche qui va vous demander un petit travail de 20/30 mn max., mais cela vaut la peine car au lieu de publier «à l'aveuglette» vous allez pouvoir vous rapprocher beaucoup plus des attentes de vos futurs lecteurs !

L'étape suivante est celle du chapitrage : Grâce à un logiciel simple et gratuit, vous allez pouvoir préparer facilement vos chapitres.

7. Construisez facilement vos chapitres

Le fruit de vos recherches sur Yahoo Questions/Réponses va vous permettre de construire vos chapitres. L'autre élément indispensable, c'est un petit logiciel gratuit très simple à installer et à utiliser : Freemind. Disponible en français, vous le trouverez facilement en tapant «télécharger freemind» dans Google FR.

Le programme vous permet de créer facilement une carte, une sorte d'arbre avec des bulles pour organiser vos chapitres :

Figure 12 - Arbre à chapitres

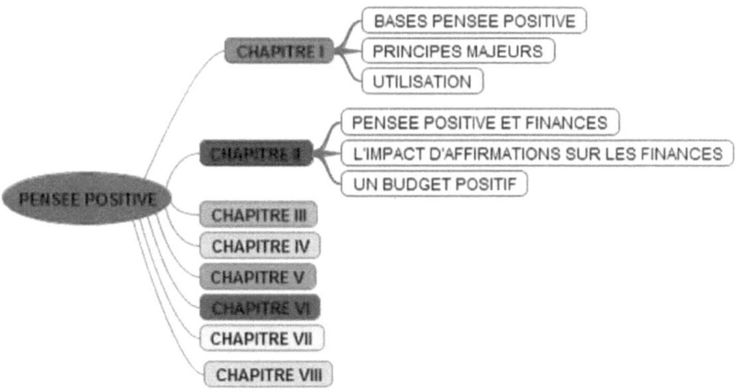

Vous avez alors une carte avec un «Arbre à chapitres» qui sera en quelque sorte votre feuille de route pour «dessiner» proprement votre contenu. C'est alors le moment de sélectionner les questions/réponses les plus posées dans les forums de Yahoo pour déterminer les thèmes de chaque petit chapitre, avec éventuellement des sous-chapitres.

Dans notre exemple, je m'aperçois en vérifiant rapidement ma liste des questions & réponses de Yahoo, que beaucoup de questions liées à la pensée positive et au stress sont liées aux finances.

Je pourrais dédier un chapitre entier de mon ebook à l'influence de la pensée positive dans les finances ou bien encore, orienter le guide entier dans cette sous-rubrique.

L'étape suivante est la production de votre contenu. Je vais vous donner entre autres, mes trucs pour ne jamais tomber en panne d'idées ou d'inspiration.

8. Contenu : Pièges à éviter absolument

Avant de vous donner les pistes pour créer facilement votre contenu, il me faut absolument vous prévenir de ce qui risque de couper court à votre aventure d'éditeur si vous ne prenez pas garde aux recommandations qui suivent.

C'est sur Internet que vous trouverez le plus facilement vos idées de contenu. J'insiste sur le mot «idées» car bien des débutants sont hélas tentés par la facilité de copier/coller du contenu sur le web.

En plus du côté illégal du plagiarisme par rapport au Code de propriété intellectuelle, le risque est immense de se retrouver avec un compte éditeur bloqué du jour au lendemain par *Amazon*.

Une autre méthode fortement déconseillée elle aussi, consiste à acheter des droits de labels privés sur des contenus déjà prêts, vendus par des sociétés ou «clubs» qui vous accordent alors une licence d'exploitation.

Ce type de pratique fleurit sur le web sous le nom de 'DLP' (Droits de Label Privés) et comporte aussi un grand inconvénient : On a l'illusion de légitimer le copié-collé de contenu mais finalement on publie un contenu déjà acheté plusieurs fois par d'autres éditeurs eux aussi tentés par la même facilité.

Amazon KDP fait régulièrement le grand ménage dans ses boutiques, pour chasser de tels contenus car même si ce n'est pas illégal, ça revient à inonder le marché avec des «clones» de livres dont la couverture et le titre changent, mais pas le contenu.

C'est trompeur pour l'usager, qui peut se retrouver avec 2 ebooks identiques dans ses achats. En mettant un tel contenu dans la boutique Kindle, vous vous exposez de façon certaine au blocage définitif de votre compte.

Voici la partie la plus importante des conditions d'utilisations d'Amazon KDP :

https://kdp.amazon.com/self-publishing/help

Tapez «contenu» dans la barre de recherche, et vérifiez les règles relatives au contenu : Ce sont juste 4/5 lignes à lire pour éviter tout problème futur.

En résumé, n'utilisez jamais de contenu copié-collé tel quel depuis le web comme articles de blogs, etc... Ou depuis une source «DLP» et ce, même partiellement : Ne jouez pas avec le feu !

Par contre, des articles trouvés sur le web et DLP peuvent être utiles comme source d'inspiration, comme on va le voir dans la prochaine étape de création de votre contenu.

9. Créez facilement votre contenu

La meilleure façon d'utiliser des sources externes de contenu pour créer le vôtre, c'est d'exploiter des sources anglophones, de les traduire grossièrement avec l'outil en ligne Google Traduction, puis de peaufiner le résultat de cette traduction, en bon français et avec vos propres termes.

Pour simplifier je vais donner des exemples et captures d'écran, mais il est important de comprendre les 4 principaux avantages de cette méthode :

- Vous avez accès à une source illimitée de contenu dans le domaine que vous avez choisi d'exploiter

- Vous ne faites pas de copie de contenu à proprement parler, vous utilisez du contenu externe comme trame de base pour créer le vôtre, avec vos propres mots.

- L'internet anglophone est beaucoup plus riche en ressources dans une grande variété de sujets, on l'a vu avec l'outil Quant-cast dont il n'existe aucun équivalent véritable sur le web fran-cophone.

- Vous vous exposez d'autant moins à la copie en plaçant du contenu dans trois «passoires» :

  1. Traduction «grossière» avec Google Traduction, d'articles du web anglophone

  2. Peaufinage de la traduction pour redonner de la cohérence aux textes

  3. Personnalisation avec vos propres phrases

Voici comment faire : Une fois de plus, rendez vous sur Google.com en version «English» et tapez un mot-clef relatif au domaine dans lequel vous publiez + le mot «articles», ce qui donne dans notre exemple «positive thinking articles» comme dans l'écran qui suit :

Figure 13 - Recherche d'articles 'Positive Thinking': Page 1

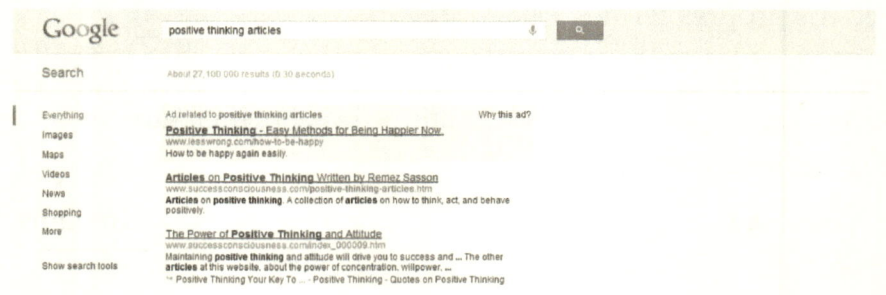

Pour éliminer encore plus le risque d'exposition à la copie de contenu, on préfèrera aller en page 3 ou 4 des résultats de Google, là où nul ne va jamais et encore moins des usagers francophones.

Voici donc quelques propositions de la page 3 :

Figure 14 - Recherche d'articles 'Positive Thinking': Page 3

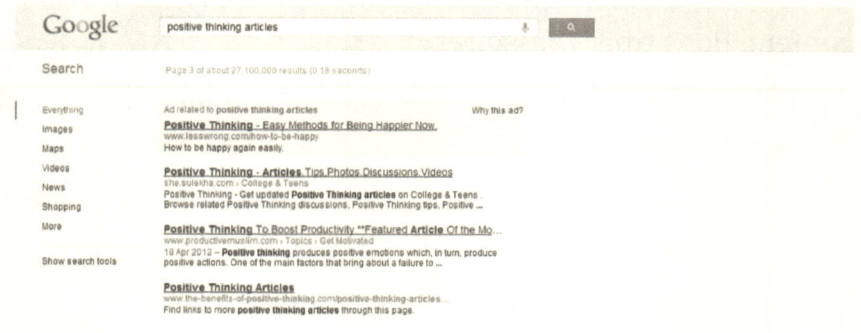

En cliquant le troisième lien naturel, on arrive sur une page proposant de nombreux articles dans plusieurs sous-catégories de la pensée positive comme les finances, la méditation, les habitudes positives etc.. Si je sélectionne par exemple «positive finances» dans le site que je viens de trouver, ça me donne une idée d'ensemble de la qualité d'article :

Positive thinking for positive finances

The following tools can help you to shift your attitude towards money in a way that allows you to handle it without worry:

- **Look at your beliefs.** There are two main groups of beliefs when it comes down to money: those that give you a sense of scarcity, and those that give you a sense of abundance.

  Most of us come from a pre-determined belief in scarcity of money through our family and the environment in which we grew up.

  Since our beliefs shape our thoughts, it is well worth it to spend some time exploring the beliefs you have about money. How do you handle money now? Do you think that money "is hard to come by"?

Sans être un crack en anglais, on devine aisément un article qui donne quelques conseils sur l'utilisation de la pensée positive dans le domaine des finances.

A partir de là, on peut creuser avec une recherche plus ciblée dans Google, du genre «Positive thinking finances articles» etc.. Et trouver encore plus d'idées de base pour écrire du contenu.

Voilà donc les simples étapes pour «tricoter» votre contenu :

1. Repérez tout bloc de contenu susceptible de vous apporter de la matière, et copiez-collez dans Google Traduction, exemple sur la photo d'écran suivante :

Figure 15 - Utilisation de Google Traduction

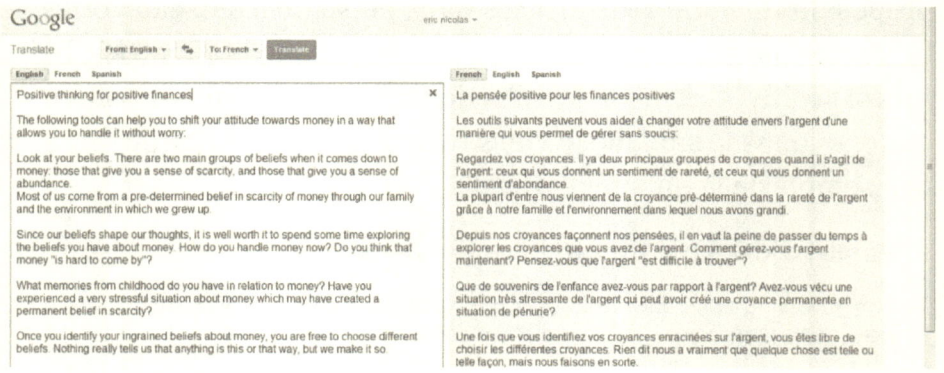

Bien sûr, le résultat est une soupe. Alors voilà ma recommandation : Copiez/collez la partie anglophone. Collez-là dans votre tout nouveau doc Word ouvert. Puis, Collez le bloc de texte en version traduite FR, en dessous de la version anglophone.

2. Répétez l'opération avec plusieurs articles, en mettant à la suite les articles qui appartiennent aux mêmes sous-rubriques, selon le même schéma créé avec votre «Arbre à chapitres» (Figure 12). De cette façon, vous éviterez de vous emmêler les pinceaux ;)

3. Une fois tous vos articles en deux langues compilés dans un doc et classés par sous-rubriques, reste à extirper du contenu des traductions «barbares» obtenues dans Google Traduction :)

Si vous avez quelques notions anglophones, les blocs en anglais seront une aide pour mieux comprendre une traduction vraiment difficile à saisir, mais en règle générale du moment où on lit une traduction dans sa langue maternelle c'est suffisant pour en comprendre le sens.

Vous pouvez maintenant construire des phrases avec du sens, à partir de la matière récoltée depuis les articles. Pour un filtrage mieux organisé, je vous recommande de coller le contenu «refait» dans un nouveau document, qui sera celui utilisé pour mettre en forme votre ebook.

C'est aussi le moment d'utiliser les quelques données démographiques obtenues sur Quantcast, pour orienter l'esprit de votre contenu vers le bon public : Vous ne vous adressez pas de la même façon à une audience de femmes entre 25 et 34 ans qu'à des hommes quadragénaires par exemple.

Ces considérations prises en compte vous aurez un certain travail de contenu à faire mais une fois cette étape la plus difficile franchie, il ne reste plus que le choix d'un titre, d'un nom d'auteur, puis enfin l'habillage et la mise en forme de votre ebook pour le rendre lisible sur la plateforme Amazon KDP.

10. Le choix d'un titre

Quand vient le moment de choisir un titre pour votre ebook, trois éléments majeurs vont vous aider :

- L'orientation de votre ebook : S'agit-il d'un guide expliquant «Comment faire…» ou «Comment résoudre.. tel problème» etc.. Dans ce cas choisir un titre incluant «Comment».

    Exemple = «Comment utiliser efficacement la pensée positive»

- L'audience de votre ebook : Quelle est la préoccupation principale de votre audience ? Si vous avez exploré des forums comme recommandé dans ce guide, vous avez pu avoir une idée d'ensemble des préoccupations les plus courantes de votre audience et si vous avez des réponses à ces préoccupations, indiquez-le dans votre titre ou sous-titre.

    Exemple = «Comment gérer les stress grâce à la pensée positive»

- Les mots-clefs : Même si la plupart des usagers de la plate-forme Kindle utilisent rarement le moteur de recherche d'Amazon pour trouver un ebook Kindle (ils surfent plutôt dans les catégories..) il n'est pas inutile d'avoir des mots-clefs répandus, dans le titre et sous-titre.

    Exemple : Comment méditer et gérer le stress: Gérer son stress grâce à la pensée positive [Méditation & Relaxation pour la gestion du stress]

Ici, on a un titre et un sous-titre qui reprennent des mots-clefs populaires : gérer le stress, gestion du stress, méditation, pensée positive, relaxation… Mais il ne faut pas tomber dans l'extrême et se retrouver avec un titre plein de mots-clefs : Cela n'aidera pas forcément plus pour les classements dans Amazon, et risque de produire un titre qui ne sera pas attirant pour les usagers.

Les titres les plus accrocheurs contiennent souvent des nombres, par exemple «7 moyens de se débarrasser de l'acné naturelle-ment» est un bon titre, mais vous pouvez trouver d'autres exemples de titres accrocheurs en surfant sur les Best-Sellers de livres et ebooks sur Amazon, ou bien encore taper 'idées titres accrocheurs' dans Google, puis adapter les suggestions à votre thématique.

Le plus important à garder à l'esprit dans votre titre est qu'il doit bien résumer votre guide, en permettant aux usagers de com-prendre immédiatement de quoi il s'agit, comme un premier aperçu rapide de ce qui les attend à l'intérieur.

11. Votre nom d'auteur ou «Nom de Plume»

Sur Amazon, vous pouvez publier sous autant de noms d'auteurs que vous voulez, depuis le même compte. Vous pouvez même ouvrir plusieurs profils d'auteur (On va revenir en détails sur ce point un peu plus loin).

Vous pouvez évidemment choisir de ne publier que sous votre propre nom. C'est votre choix. Mais vous pourriez passer à côté de trois avantages certains, de l'utilisation de plusieurs noms de plume :

1. Publier sur plusieurs sujets à la fois tout en gardant votre crédibilité : Quand vous publiez par exemple deux ebooks dans des domaines totalement différents (Ex. Un ebook sur la pensée positive, et un autre sur le dressage de canins) mieux vaut utiliser 2 noms de plume qu'un seul, sous peine d'être jugé comme manquant de crédibilité par les deux profils de lecteurs, ce qui rendra plus difficile le succès de vos futures publications dans les mêmes domaines.

2. Avoir une «porte de sortie» : Les ebooks que vous allez publier ne seront pas forcément tous des succès fulgurants. Autrement dit si vous vous plantez une fois avec un ebook qui ne marche pas, vous pouvez toujours sortir le prochain sous un autre nom et éviter ainsi l'effet 'Mauvaise réputation' lié au précédent.

3. Avoir un nom qui «parle» à votre audience : C'est selon moi l'aspect le plus important d'un nom de plume. Dans notre exemple, reprenons les données de Quantcast : Un public essentiellement composé de femmes de 25 à 34a, sans enfants,

avec un revenu pouvant aller jusqu'à environ 80 K€ / an, et avec un niveau d'éducation plutôt bien gradué.

A qui pensez-vous que ces femmes vont s'identifier le plus facilement ? Probablement à un profil qui leur ressemble. Pour ce faire, on va sélectionner de préférence un prénom de femme de la même génération.

Si je tape 'prénoms féminins 1980' dans Google, j'aurai rapidement des sélections de prénoms féminins populaires dans les années 1980 :

Figure 16 - Choix d'un prénom : Prenoms.com

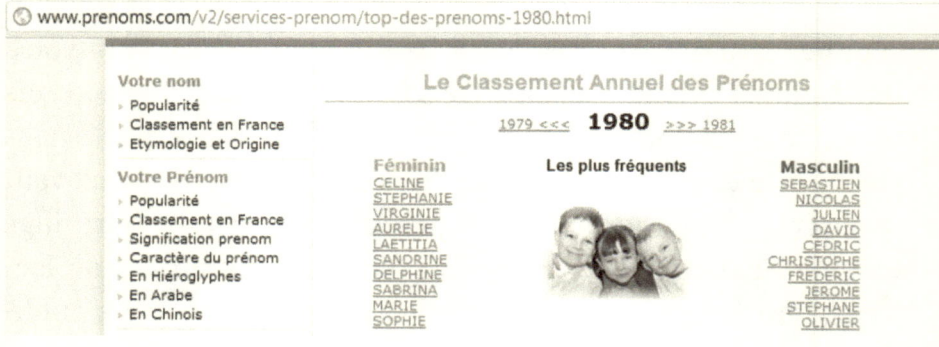

On pourrait choisir 'Sandrine' par exemple. Reste à trouver un nom de famille, c'est très simple il suffit d'aller sur ce site =

http://fr.fakenamegenerator.com

C'est un générateur automatique de noms provenant de toutes les ethnies. Il suffit de sélectionner le sexe, l'ethnie et le pays puis de cliquer 'Générer'. Si le nom obtenu ne convient pas, ou ne sonne pas très bien, il suffit de re-cliquer 'Générer' autant de fois que nécessaire :

Figure 17 - Choix d'un nom: Fake Name Generator

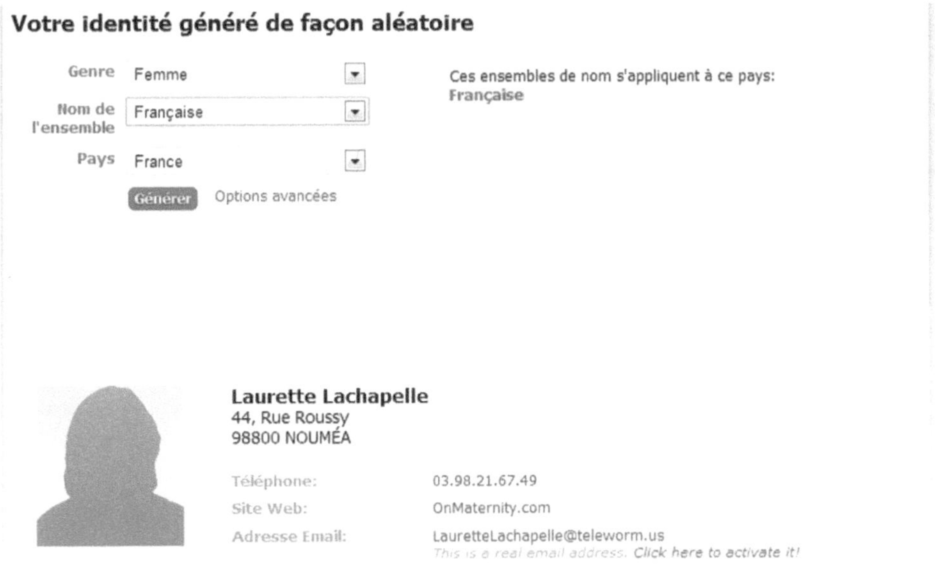

Votre identité généré de façon aléatoire

Genre   Femme ▾   Ces ensembles de nom s'appliquent à ce pays:
                                  Française
Nom de   Française ▾
l'ensemble

Pays   France ▾

[Générer]   Options avancées

Laurette Lachapelle
44, Rue Roussy
98800 NOUMÉA

Téléphone: 03.98.21.67.49
Site Web: OnMaternity.com
Adresse Email: LauretteLachapelle@teleworm.us
                  This is a real email address. Click here to activate it!

L'outil suggère aussi un prénom, mais mieux vaut en trouver un qui correspond à la tranche d'âge de votre audience, que d'en prendre un au hasard. Dans notre exemple même si 'Laurette' est un joli prénom, on pourrait donc créer 'Sandrine Lachapelle'.

Une fois votre nom de plume choisi, il vous suffira de créer un profil auteur sur *Amazon* gratuitement comme on le verra un peu plus loin (chapitre 16).

12. La couverture de votre ebook

La couverture est une étape importante, et pourtant encore négligée par de nouveaux auteurs qui perdent ainsi des milliers d'euros de chiffre de ventes.

C'est votre vitrine, le premier élément remarqué par les utilisateurs. Un ebook en position 5 avec une couverture qui accroche l'œil, fera rapidement plus de ventes qu'un ebook concurrent placé en position 1 avec une couverture moins remarquable, moins attrayante.

Vous gagnerez plus rapidement vos places dans les classements (et des ventes !) avec une couverture qui accroche l'œil. Maintenant, ça n'implique pas de devoir faire appel à un graphiste cher ou de maîtriser Photoshop sur le bout des doigts (Il n'y a même pas besoin d'avoir Photoshop d'ailleurs).

Vous n'avez pas besoin non plus d'avoir une couverture hyper-sophistiquée ou trop flashy, vous ne cherchez pas à vendre une encyclopédie de luxe mais un guide pratique avec des conseils. Une couverture simple et soignée fera donc l'affaire.

Je vais vous présenter deux possibilités d'avoir facilement une couverture, mais dans les deux cas voici les aspects importants qui en composent une bonne :

- Le titre dans une police de caractère visible même en format réduit (penser aux utilisateurs de tablettes et de smartphones)

- Idem pour le sous-titre s'il y en a un

- Une image attractive en relation avec le sujet de l'ebook

- Si on n'a pas d'image ou de photo attractive, au moins un fond d'une belle couleur (un beau blanc par exemple, ou un beau bleu selon votre thématique..) avec une police de caractère un peu originale qui attire l'œil, mais reste lisible

- On doit comprendre immédiatement de quoi il s'agit

- Le nom d'auteur peut être situé tout en haut ou tout en bas, au milieu ou à gauche mais éviter à droite.

- Dimensions de l'image : 940 largeur x 1250 hauteur

Note : Pour les images, assurez-vous d'utiliser des images libres de droits, pour éviter les problèmes de copyright liés à l'utilisation d'images protégées. Dans Google vous pouvez taper 'free royalty free images' ou 'images libres de droits gratuites'.

De tels sites disposent en général d'un petit moteur de recherche, dans lequel il vous suffit de taper le nom d'un thème pour voir toutes les images correspondantes.

Voici maintenant deux possibilités pour réaliser votre couverture =

1. Formule gratuite = Télécharger 'Gimp' et suivre une formation

   Gimp est l'alternative gratuite à Photoshop. Une recherche dans Google toujours, vous aidera à le télécharger facilement et l'installer en moins de 3 mn. Si vous n'avez aucune notion de graphisme, trouvez des cours, trainings, tutoriaux gratuits...

   ... Sur le web (Ex. 'Tutorial gimp gratuit'). Pas besoin de cours longs et compliqués pour apprendre des bases et faire une couverture, et vous pouvez trouver des vidéos de trainings qui ne durent pas plus de 10 mn chaque.

En vous débrouillant bien, vous pouvez savoir créer une couverture en moins de 3h de formations et d'essais.

2. Formule payante = Avoir une couverture pro pour... A peine plus de trois euros !!

Sur un site qui s'appelle Fiverr.com et contient des milliers d'offre de services pour 5 dollars US soit à peine plus de trois euros.

Cependant, il vous faudra un minimum de connaissances en anglais pour communiquer avec les «workers», en vous aidant éventuellement de Google Traduction.

Certains font un travail d'excellente qualité rapidement, et vous pouvez voir combien de points positifs ils ont, de points négatifs... Car après chaque livraison de commande, il faut cocher un point positif pour que le prestataire soit payé.

Pour notre couverture, il nous suffit de taper 'kindle ecover' et de filtrer les résultats par 'rating' pour avoir les meilleurs prestataires en premier :

Figure 18 - Fiverr.com: Des prestataires pour - de 4 €

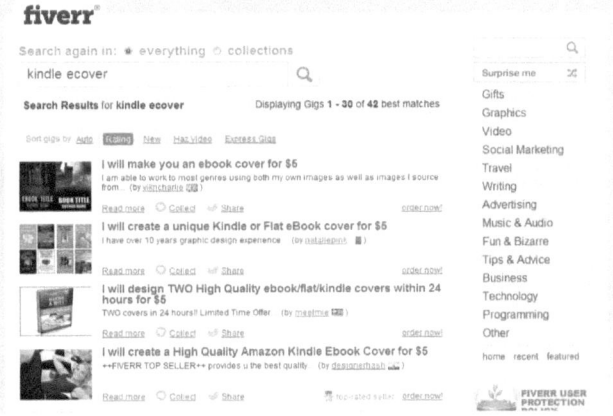

Le quatrième est décoré 'Top Rated Seller' indiquant qu'il fournit un travail de qualité irréprochable rapidement pour... 5 dollars US ! Il suffit d'ouvrir un compte gratuit sur Fiverr.com ou de se connecter directement avec son compte Facebook, puis on peut payer via la plateforme sécurisée Paypal.

Lors de votre commande, vous avez la possibilité d'indiquer vos directives au prestataire (le sujet de votre ebook, titre, sous-titre et nom d'auteur... Aimeriez-vous certaines couleurs en particulier... etc. pour le reste, ils ont généralement l'habitude).

Très sincèrement, je trouve que le temps gagné et l'assurance d'une couverture qui convertit plus que d'autres.. Vaut bien le sacrifice du prix d'un Capuccino ;)

13. Mise en forme de votre contenu

Avec le formatage, c'est la partie la plus «technique» et générale-
ment la moins appréciée du lancement d'un ebook mais ce n'est
rien de trop complexe et après quelques mises en forme et formatages, vous serez parfaitement bien rodé et pouvez ré-utiliser la
même maquette pour plusieurs ebooks.

(Un peu plus bas je vais même vous donner un lien gratuit pour
télécharger des 'templates' Word et Open Office, prêts à l'emploi :
vous n'avez plus qu'à intégrer votre contenu !)

AVERTISSEMENT : J'utilise exclusivement Word 2003 pour
créer mes ebooks mais j'utilise aussi OpenOffice pour d'autres
usages, j'ai donc pensé à ceux qui utilisent Open Office en mettant
à leur disposition un lien vers un «canevas» de document en .odt
et en .doc aussi.

Cependant, les indications et photos d'écran proviennent de Word
2003 et il vous faudra donc adapter avec les menus Word 2010 ou
Open Office, etc..

Vous avez en fait à votre disposition 2 méthodes connues de
formatage :

1. Une méthode automatique (Mise en forme sous Word puis
   formatage en deux clics avec un outil en ligne. Inconvénient :
   Payant avec un système de «crédits» mais pas excessif pour le
   prix : pour moins de 25 € vous pouvez faire cent formatages.
   Avantage : Ultra rapide et simple.

2. Une méthode manuelle (Mise en forme sous Word ou OpenOffice + conversion en fichier .html + formatage en passant par

un vieil outil gratuit qui s'appelle Mobipocket Creator). Avantage : Gratuit. Inconvénients : le processus prend un peu de temps pour la prise en main quand on ne connaît pas encore bien, et il faut parfois constater plusieurs bugs de résultats avant un bon formatage définitif. Sachant qu'en plus, le logiciel MPC n'a pas été mis à jour depuis 2007.

A vous de choisir donc, on reviendra sur ce choix plus tard mais quoi qu'il en soit, on peut déjà s'attaquer à la mise en forme. Oh rien de bien compliqué il suffit de donner un peu de «corps» à votre texte et d'attribuer des styles de caractère qui seront considérés comme repères par le document, pour insérer à la fin une table des matières en deux clics.

Sachez à ce propos que la cause de rejet la plus répandue – qui cause le plus de demandes de remboursements et de commentaires négatifs sur Amazon – est un mauvais formatage. Table des matières incohérente, sauts de page, chapitres pas cliquables, etc..

Il est donc important de veiller à ce que votre mise en forme et formatage soient irréprochables, car ce sont les premiers gages de qualité retenus par les usagers de Kindle et autres tablettes.

Pour commencer, je vous recommande dans votre doc d'utiliser la police de caractère 'Calibri' en format 12 pour le texte global, 14 pour les sous-chapitres et 16/18 pour les chapitres.

Pour ceux qui veulent gagner du temps, j'ai créé des maquettes prêtes à l'emploi en format .doc pour Word mais aussi .odt pour Open Office. Elles sont disponibles sur cette page =

http://www.laplumeautonome.com/docs/kindletemplates.zip

Je vais quand même expliquer comment faire soi-même. Ce guide ne vous donnera pas un cours sur les styles et mises en forme dans un doc. Word mais pour simplifier, voici un exemple concret. Supposons l'ouverture de votre doc, sans styles ni mise en forme et juste votre texte :

Figure 19 - Texte avant mise en forme

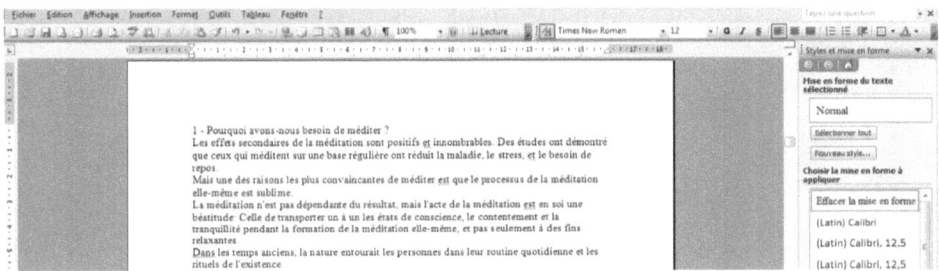

Le texte est collé directement sans mise en forme. Mais la colonne de droite, ouverte en sélectionnant 'Format' puis 'Styles et Mises en Forme' dans le menu, me permet de choisir et d'appliquer un style sur la sélection de mon choix. Ici je vais sélectionner le titre de chapitre «Pourquoi avons-nous besoin de méditer ?» et appliquer un premier style qui sera 'Titre 1' (parfois aussi appelé 'Style 1') :

Figure 20 - Choix des styles

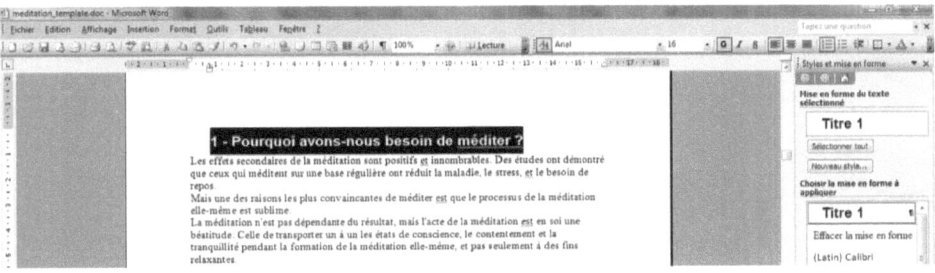

Pour les sous-chapitres il suffira d'appliquer 'Titre 2' et pour le contenu texte global, garder un format 'Normal' ou 'Corps de

Texte' et 'Justifié' puis paramétrer chaque style : pour cela c'est très simple car à la droite de chaque style il y a un petit menu déroulant qui apparaît quand on approche la souris du nom de style désiré :

Figure 21 - Paramétrage des styles

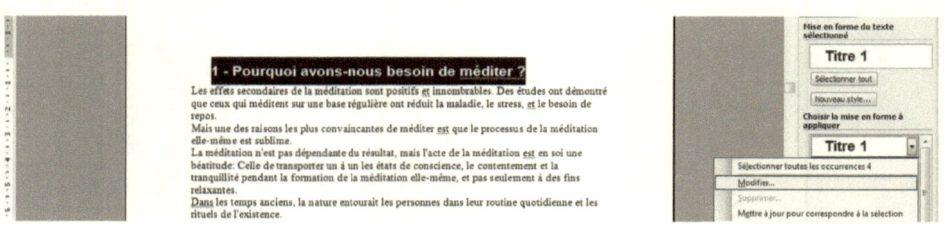

Cliquez sur 'Modifier' afin de pouvoir changer les tailles de police de caractère puis cliquez Format ==> Paragraphe.

Pour le format «Corps de Texte» allez dans le petit menu déroulant à droite du style pour le modifier. Dans la boîte de dialogue cliquez 'Format' puis 'Paragraphe' Alignement : 'Justifié' Retrait : Gauche 0,3 cm, Droite 0,5 cm Espacement : Avant 0 pt, Après 6 pt :

Figure 22 - Paramètres des paragraphes

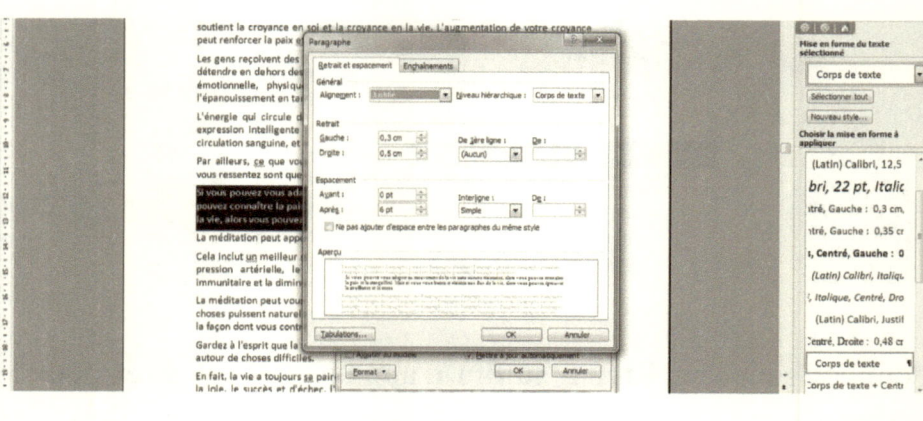

Ce sont quelques paramétrages à mettre en place, mais vous aurez ensuite votre propre canevas prêt à l'emploi pour tout futur ebook que vous publierez. Et une fois de plus, si vous voulez gagner du temps et avoir un canevas prêt à l'emploi, utilisez le lien que je vous ai donné et décompressez le fichier sur votre disque dur :

http://www.laplumeautonome.com/docs/kindletemplates.zip

Et enfin… Il faut un saut de page entre chaque fin de chapitre (en faisant «CTRL + Entrée» sur le clavier) pour qu'ensuite au formatage, la séparation soit bien faite entre les chapitres.

N'hésitez pas à me contacter via le blog de La Plume Autonome si vous rencontrez des difficultés. Maintenant, on va parler formatage car soumettre directement un fichier Word sur KDP se solde la plupart du temps par un rejet de l'équipe de validation.

En soumettant votre fichier déjà formaté, vous gagnerez un temps précieux car votre ebook sera révisé et validé beaucoup plus rapidement par la team KDP, qui apprécie tout effort préalable de votre part avant publication.

Pour que votre ebook soit lisible par les liseuses Kindle ou toute tablette/smartphone utilisant l'application Kindle, il faut un format spécifique mais rassurez-vous, vous aurez là aussi 2 formules possibles pour faciliter le processus, avec des logiciels pour mâcher le travail.

Quoi qu'il en soit, il vous faudra un programme pour lire le format Kindle (gratuit) et vérifier que votre ebook est bien lisible dans ce format. Deux programmes sont proposés : Kindle pour PC ou Kindle Previewer.

Personnellement j'utilise les deux : 'Kindle pour PC' en premier car l'affichage est plus large et en couleur, ça me permet de repérer plus rapidement les erreurs, sauts de ligne etc. Le second 'Kindle Previewer' retransmet les ebooks tels qu'ils sont affichés sur les liseuses Kindle de vos futurs lecteurs. Une dernière vérification en ouvrant votre fichier avec ce dernier, n'est donc pas inutile.

Note : Avant d'attaquer le formatage, prenez le temps de relire votre ebook pour bien vérifier la présence éventuelle de fautes de frappe, de mise en forme, etc : C'est autant de temps que vous gagnerez ensuite.

14. Formatage de votre contenu

Pour commencer, une fois votre doc «stylisé» il vous faut une table des matières «cliquable» afin que vos futurs lecteurs puissent facilement naviguer d'une rubrique à une autre de votre ebook, sans devoir faire défiler toutes les pages.

Grâce aux styles, l'insertion d'une table des matières est simple. Sous Word (Je vais revenir sur Open Office après) on va dans notre doc à l'endroit où on souhaite avoir l'index cliquable (de préférence après l'introduction, faire donc un saut de page par «CTRL + Entrée» juste en-dessous de la fin de l'introduction, et sur la nouvelle page vide cliquer dans le menu Word 'Insertion ==> Référence ==> Tables et Index...'.

Comme le montre la prochaine capture d'écran, sélectionner l'onglet 'Tables et Index' puis décocher 'Afficher les numéros de page' et choisir 'Soigné' dans 'Formats' :

Figure 23 - Insertion Index/ Table des matières Word

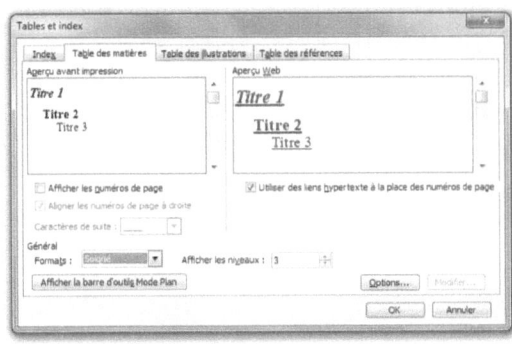

Validez par 'OK' et le tour est joué : votre table des matières cliquables est installée !

Enregistrez le document puis fermez-le.

Note importante : A chaque fois que vous ajoutez des chapitres, des titres, sous-titres etc, une fois vos modifications terminées et avant de fermer votre document, faites un clic-droit sur votre table des matières et mettez à jour les champs comme ceci :

Figure 24 - Vérification mise à jour de l'Index

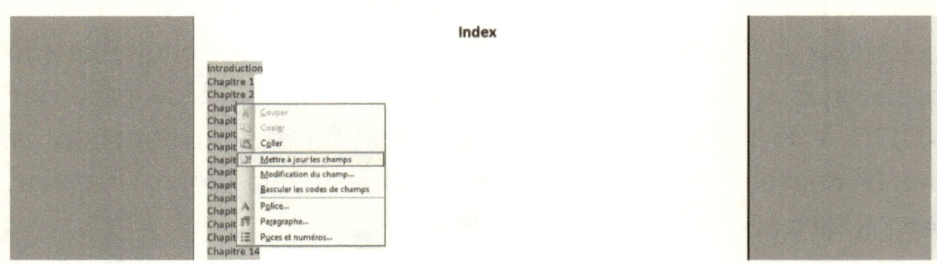

.. Puis, une note rapide pour les utilisateurs d'Open Office : Il y a une fonction d'insertion de table des matières sous Open Office mais elle n'est pas recommandée, car peu fiable et difficile à paramétrer.

L'alternative est d'insérer des repères de texte dans chaque chapitre, puis lister Introduction, Chapitre 1, Chapitre 2 etc.. en insérant un lien hypertexte à l'intérieur du document, vers le repère de texte créé auparavant :

Figure 25 - Open Office: Insertion repère de texte

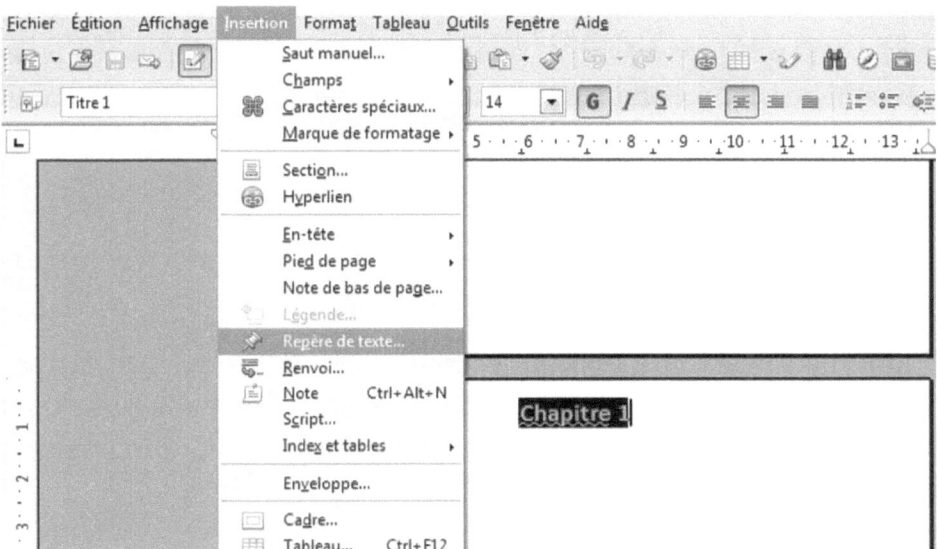

Une fois vos repères de texte insérés dans chaque titre de chapitre (n'oubliez pas Introduction et Conclusion !), faites un saut de page (CTRL + Entrée) après votre introduction par exemple, puis listez vos chapitres en attribuant à chacun le lien précédemment créé vers son repère de texte, par clic-droit + Hyperlien :

Figure 26 - Open Office: Création liens internes

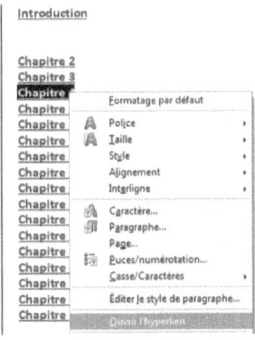

L'alternative encore plus simple est de télécharger le 'template' Open Office dont je vous ai donné le lien plus haut ;) Note importante : Dans Open Office, avant de fermer votre fichier pour revenir dessus à l'étape suivante, sauvez-le bien en format .doc 'Microsoft Word 97/2000/XP' et surtout pas en .odt !!

Prochaine étape : Finalisation du formatage

A cette étape, il vous faut considérer deux choix pour votre formatage :

Choix 1 / Payant et ultra-rapide (seulement 25€ pour 100 formatages, c'est comme si vous faisiez formater votre ebook pour 0,25 cents d'euro !!) = Formatage rapide en 2/3 mn, directement depuis votre .doc

Note : Pour rester fidèle à l'objectif de ce guide qui est de vous fournir tous les éléments pour faire vos ebooks sans investir un centime, je ne vais pas vous recommander un choix plutôt qu'un autre et pour une gratuité totale, reportez-vous au choix 2.

D'ailleurs, vous pouvez choisir la méthode gratuite du choix 2 dans un premier temps, et investir dans le logiciel automatique du choix 1 avec vos premiers revenus : c'est ce que j'ai fait et c'est pourquoi ici vous aurez le choix d'investir ou pas.

Le logiciel en question est basé en ligne et il est en anglais, mais dans un anglais ultra-simple de type «select file» pour sélectionner un fichier, etc.

Ensuite, il vous suffit de convertir au format «.mobi» le fichier obtenu mais pour cette ultime et dernière conversion, le logiciel – gratuit – s'appelle Kindle Previewer et l'opération est simplissime puisqu'il s'agira simplement d'ouvrir le fichier, qui sera converti automatiquement.

Pour commencer, vous pouvez trouver le logiciel «Kinstant Formatter» sur cette page =

http://www.laplumeautonome.com/kinstantformatter

Il suffit d'envoyer le fichier sur la plateforme, puis le fichier image pour la couverture, indiquer titre + auteur, sélectionner une ou deux options et «click» on a un fichier en extension .kindle.epub prêt à envoyer directement sur Amazon KDP :

Figure 27 - Formatage ultra-rapide: Envoi fichiers

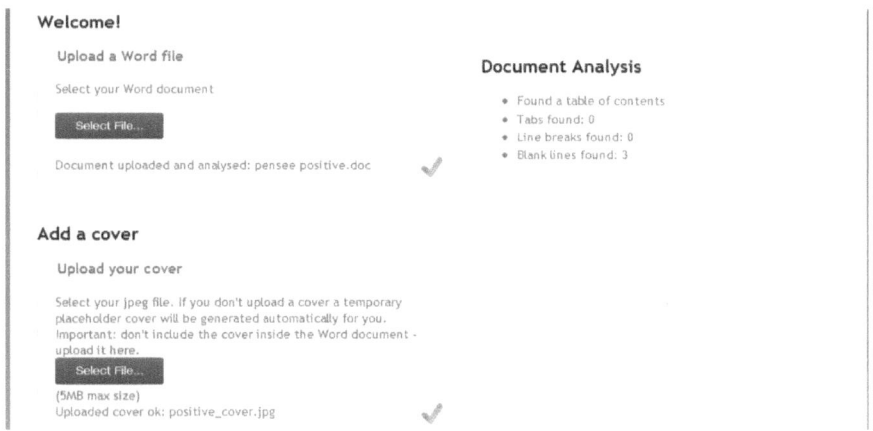

Après l'envoi en 2 clics et 1 mn de votre fichier ebook en .doc + votre image de couverture en .jpg, le logiciel a pu analyser rapidement qu»'il y a une table des matières , et trois lignes blanches qui seront automatiquement éliminées si vous cochez la case dans les options ensuite.

Il suffit maintenant de renseigner les champs 'Titre' et 'Auteur' puis cocher ou décocher les options souhaitées juste avant de valider par 'Generate' pour obtenir votre ebook kindle :

Figure 28 - Formatage ultra-rapide: Ebook prêt à télécharger

Ici, le remplacement de 'TOC' (Table Of Contents – Pour 'Table des matières') n'est pas coché, car dans notre exemple on a créé la table, mais c'est une fonction aussi bien utile pour gagner du temps si on a pas créé d'index manuellement.

On clique sur «Download» pour télécharger directement le fichier «epub» sur le disque dur.

L'outil est proposé à 27 $ (un peu moins de 25 €) pour un crédit de 100 formatages. Personnellement, je n'utilise plus que cela pour gagner du temps et éviter les bugs. Mais au départ, je suivais la procédure du choix 2 indiquée un peu plus bas.

La dernière étape pour obtenir le fichier final, est d'ouvrir le fichier 'Epub' que vous venez d'obtenir, avec un logiciel gratuit qui s'appelle Kindle Previewer et que vous trouverez directement chez Amazon, sur ce lien =

http://www.laplumeautonome.com/kindlepreviewer

Figure 29 - Télécharger Kindle Previewer

Cochez bien la case pour accepter les termes, choisissez votre version PC ou Mac, puis cliquez 'Download now' pour le télécharger et l'installer en 3 clics. Vous devriez alors avoir une icône sur votre bureau ou dans votre menu «démarrer» : cliquez cette icône pour ouvrir Kindle Previewer, puis cliquez «fichier» et «Ouvrir le livre» en haut à gauche.

Vous avez alors accès à ouvrir le bon dossier et à sélectionner votre fichier epub :

Figure 30 - Ouvrir le fichier Epub avec Kindle Previewer

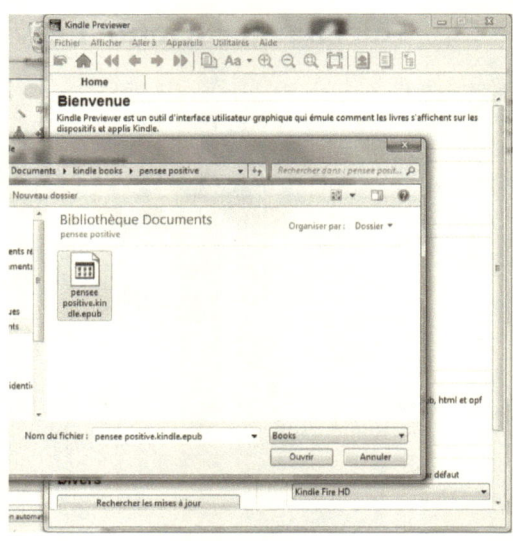

Cliquez sur votre fichier et... terminé ! Votre fichier final .mobi est généré, avec une invite de Kindle Previewer à cliquer «ici» pour ouvrir le dossier contenant votre œuvre au bon format :

Figure 31 - Générer le fichier final .mobi avec Previewer

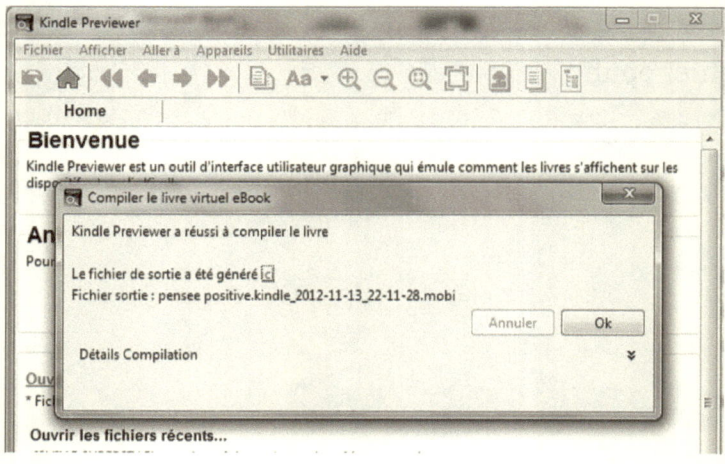

Voilà pour la méthode la + simple ! Maintenant, vous avez aussi le choix 2, plus long mais qui ne nécessite aucun logiciel payant.

Choix 2/Gratuit : Formatage «manuel» lent et un peu complexe au départ

... Mais je vais m'efforcer de vous faciliter la tâche au maximum ;)

Pour commencer, Ré-ouvrez votre document .doc du début puis faites 'Fichier ==> Enregistrer Sous' et choisissez le format 'Html' :

Figure 32 - Formatage manuel: Conversion Html

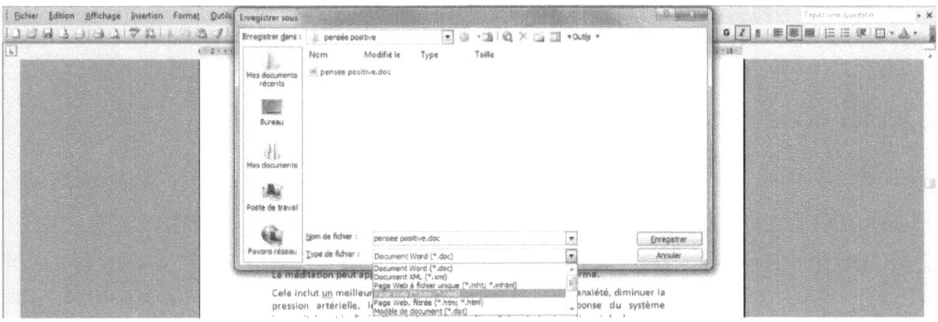

Enregistrez puis pour le moment, refermez le fichier.

Puis téléchargez gratuitement Calibre-Ebook=

http://calibre-ebook.com/download

.. Et sélectionnez votre système d'exploitation (Ici OS X pour Mac mais fonctionne également sur PC et Linux).

Téléchargez CALIBRE («Download calibre») et installez-le. Puis ouvrez le logiciel et cliquez sur le bouton «Ajouter des livres». Une fenêtre s'ouvre alors, sélectionnez le document à convertir au format mobi et cliquez sur «open :

Figure 33 - Calibre: Ajout de votre fichier

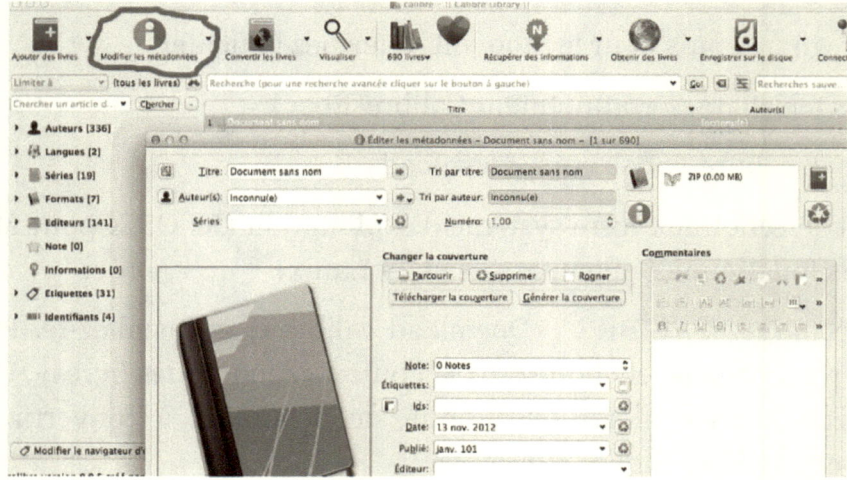

CALIBRE va l'importer dans sa bibliothèque.

Sélectionnez le fichier puis cliquez sur Editer les métadonnées. Une nouvelle fenêtre va s'ouvrir et vous pourrez vérifier et modifier les informations :

Figure 34 - Calibre: Vérifier/Modifier vos infos

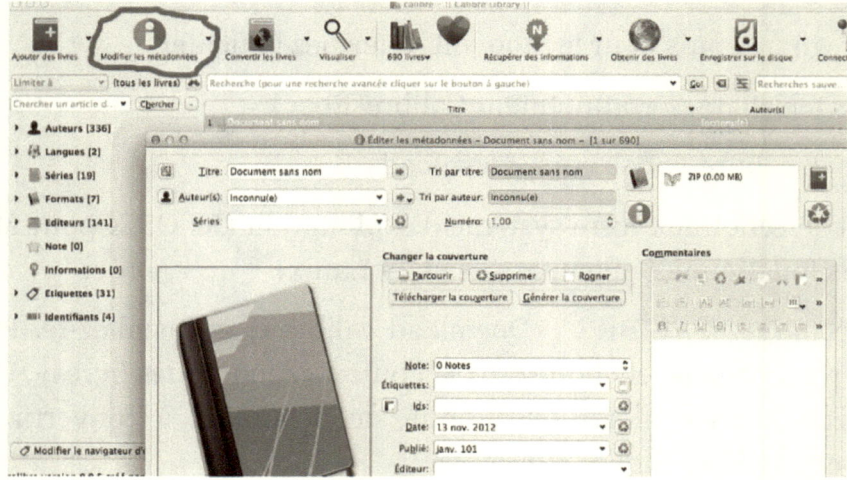

Pour convertir votre fichier, sélectionnez votre fichier et cliquez sur «Convertir les livres».

Assurez-vous que le format MOBI est bien sélectionné dans le menu Format de sortie en haut à droite :

Figure 35- Calibre: Paramétrages

Sélectionnez l'onglet Mise en page pour sélectionner Kindle dans le Profil de sortie de votre fichier mobi :

Figure 36- Calibre: Choix mode Kindle

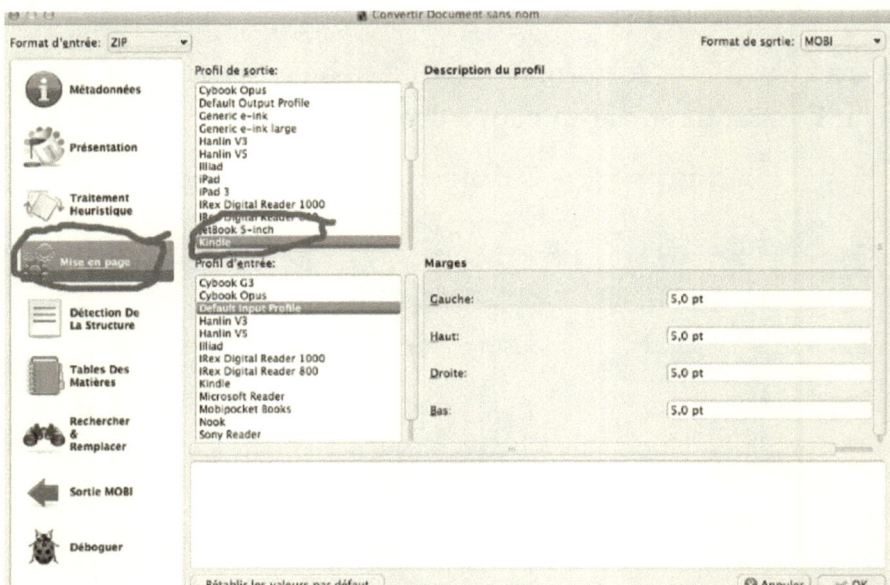

Cliquez sur «Ok» et votre fichier est converti au format mobi !

Vérifiez bien votre formatage !

Avant de passer à la publication, n'oubliez pas de vérifier si le formatage de votre ebook pour Kindle est bon. Rien de plus simple : Utilisez le logiciel gratuit Kindle Previewer.

Une fois Kindle Previewer démarré, allez dans «Fichier» en haut à gauche puis «Ouvrir» pour ouvrir dans l'explorateur le fichier mobi ou kindle.epub... Que vous venez de créer soit manuelle-ment, soit en utilisant Kinstant Formatter.

Une fois votre ebook Kindle ouvert dans le «Previewer», vérifiez si la mise en page vous semble bonne, et vérifiez bien surtout tous les liens de la table des matières/chapitres si vous en avez créé une.

Si un lien ou plus est «mort» - c'est à dire vous cliquez le nom d'un chapitre dans le sommaire et rien ne se passe – alors il faut revérifier dans votre doc Word ou OpenOffice si vous avez bien appliqué les «Styles» pour les titres de rubriques, et bien mis à jour les champs de votre table des matières avec clic-droit sur la table puis «mettre à jour les champs».

Ne manquez pas de vérifier aussi les éventuelles fautes de frappe, d'orthographe, la présence ou non de «sauts de ligne» trop importants, etc.. Bref, mettez-vous dans la peau d'un futur lecteur qui veut naviguer dans votre ebook confortablement.

Si tout vous semble correct, passez à l'étape suivante de publication de votre contenu.

15. Publiez votre contenu

Le grand moment arrive ! Il est temps de présenter votre nouvelle œuvre au monde :) Pour cela rien de plus simple : Il suffit de vous identifier sur votre compte Amazon KDP puis aller dans 'Bibliothèque' et cliquer sur 'Ajouter un nouveau titre'.

Vous devriez alors avoir un écran ressemblant à celui-ci :

Figure 37 - Saisie Amazon KDP

Dans un premier temps, je vous conseille de ne pas cocher encore la case 'KDP Select' : vous pouvez toujours y ajouter votre ebook plus tard, et je reviendrai plus loin sur l'utilité de cette fonction.

Les champs les plus importants sont les suivants :

Figure 38 - Amazon KDP: Informations livre

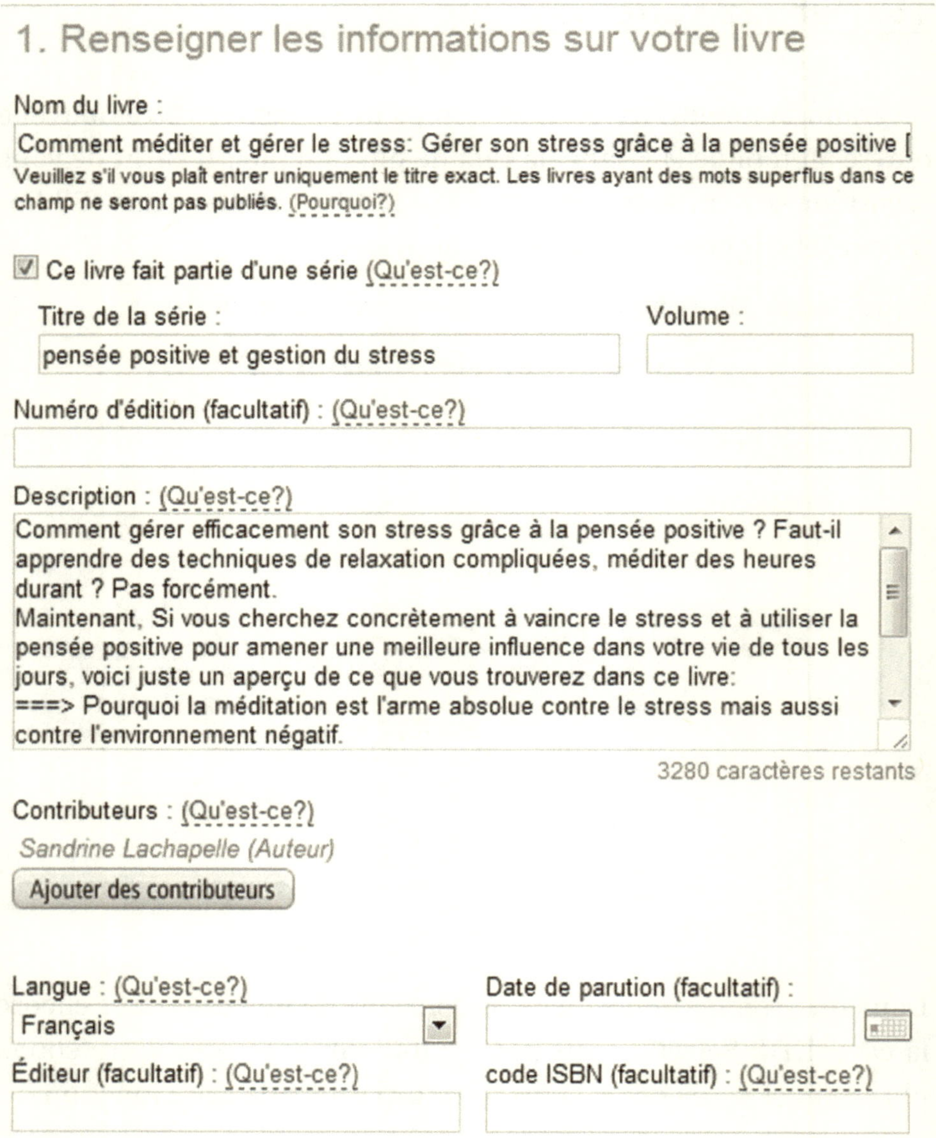

1. Renseigner les informations sur votre livre

Nom du livre :

Comment méditer et gérer le stress: Gérer son stress grâce à la pensée positive [

Veuillez s'il vous plaît entrer uniquement le titre exact. Les livres ayant des mots superflus dans ce champ ne seront pas publiés. (Pourquoi?)

☑ Ce livre fait partie d'une série (Qu'est-ce?)

Titre de la série :   Volume :

pensée positive et gestion du stress

Numéro d'édition (facultatif) : (Qu'est-ce?)

Description : (Qu'est-ce?)

Comment gérer efficacement son stress grâce à la pensée positive ? Faut-il apprendre des techniques de relaxation compliquées, méditer des heures durant ? Pas forcément.
Maintenant, Si vous cherchez concrètement à vaincre le stress et à utiliser la pensée positive pour amener une meilleure influence dans votre vie de tous les jours, voici juste un aperçu de ce que vous trouverez dans ce livre:
===> Pourquoi la méditation est l'arme absolue contre le stress mais aussi contre l'environnement négatif.

3280 caractères restants

Contributeurs : (Qu'est-ce?)

Sandrine Lachapelle (Auteur)

Ajouter des contributeurs

Langue : (Qu'est-ce?)   Date de parution (facultatif) :

Français

Éditeur (facultatif) : (Qu'est-ce?)   code ISBN (facultatif) : (Qu'est-ce?)

On renseigne le titre de l'ebook dans le champ 'Nom du livre'. Puis, on peut choisir de cocher 'Ce livre fait partie d'une série'.

Même si ce n'est pas le cas, on va mettre un nom de série contenant des mots-clefs, pour augmenter nos chances d'avoir un ebook jugé pertinent par le moteur de recherche interne d'Amazon.

Inutile de préciser un numéro de volume, ni même d'édition. On passe directement à la description. Prenez le temps de rédiger une description d'environ 4 à 500 caractères max. pas plus. Au-delà serait trop, et lasse vite l'usager. En-dessous ça fait 'cheap', négligé... Et risque de laisser l'usager sur sa faim.

En fait il suffit de vous imaginer dans la peau de vos futurs lecteurs : Quelles sont leurs premières interrogations/réflexions possibles, avant d'acheter votre ebook ? Donnez-leur envie d'en savoir plus, mais sans trop dévoiler : il faut attiser la curiosité. Exemple faire une liste de 'puces' ou de 'flèches' pour donner un avant-goût :

«Si vous cherchez concrètement à vaincre le stress et à utiliser la pensée positive pour amener une influence meilleure dans votre vie de tous les jours, voici juste un aperçu de ce que vous trouverez dans ce livre:

===> Pourquoi la pensée positive est l'arme absolue contre le stress mais aussi contre l'environnement négatif.

===> Comment la pensée positive peut radicalement transformer votre vie.

===> Pourquoi perdons-nous en moyenne dix ans de notre vie et comment éviter de les perdre en... (Suite partie 3)»

Quand vous en serez à votre troisième ebook publié, vous aurez le réflexe naturel de préparer votre description juste après avoir terminé et relu votre contenu, et n'aurez ainsi plus qu'à la copier-coller dans 'Description...' ;)

Puis sous la description, on clique sur 'Ajouter des contributeurs' pour y placer notre nom d'auteur.

Pour les 4 petits champs suivants, la langue est généralement sélectionnée par défaut 'Français ', pour les 3 autres champs 'Date parution', 'Editeur', 'Code ISBN... Il n'est pas indispensable de les renseigner.

Les prochaines étapes sont les droits de publication (générale-ment choix 2 à cocher, sauf si on reprend un ouvrage du domaine public) puis le choix de 2 catégories en cliquant sur 'Ajouter des rubriques' et 7 mots-clefs séparés par une virgule.

Puis, on télécharge l'image de couverture créée au préalable, en format .jpg et enregistrée de préférence dans le même répertoire que celui de votre livre.

Figure 39 - Amazon KDP: Cibler votre livre

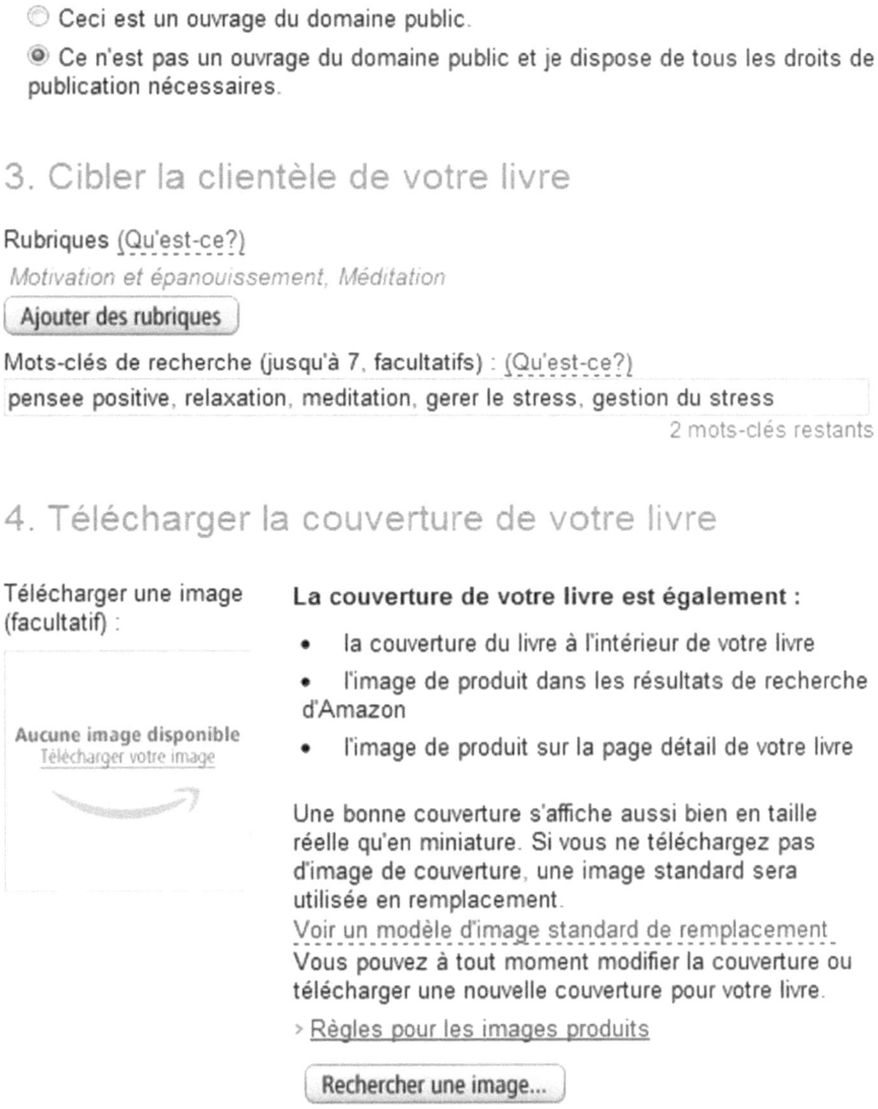

○ Ceci est un ouvrage du domaine public.

◉ Ce n'est pas un ouvrage du domaine public et je dispose de tous les droits de publication nécessaires.

3. Cibler la clientèle de votre livre

Rubriques (Qu'est-ce?)

Motivation et épanouissement, Méditation

[Ajouter des rubriques]

Mots-clés de recherche (jusqu'à 7, facultatifs) : (Qu'est-ce?)

pensee positive, relaxation, meditation, gerer le stress, gestion du stress

2 mots-clés restants

4. Télécharger la couverture de votre livre

Télécharger une image (facultatif) :

Aucune image disponible
Télécharger votre image

La couverture de votre livre est également :

• la couverture du livre à l'intérieur de votre livre

• l'image de produit dans les résultats de recherche d'Amazon

• l'image de produit sur la page détail de votre livre

Une bonne couverture s'affiche aussi bien en taille réelle qu'en miniature. Si vous ne téléchargez pas d'image de couverture, une image standard sera utilisée en remplacement.
Voir un modèle d'image standard de remplacement
Vous pouvez à tout moment modifier la couverture ou télécharger une nouvelle couverture pour votre livre.

› Règles pour les images produits

[Rechercher une image...]

 Ensuite, on télécharge notre ebook en cliquant 'Rechercher un livre' pour prendre dans notre disque dur le fichier qu'on a formaté pour Kindle :

Figure 40 - Amazon KDP: Télécharger votre livre

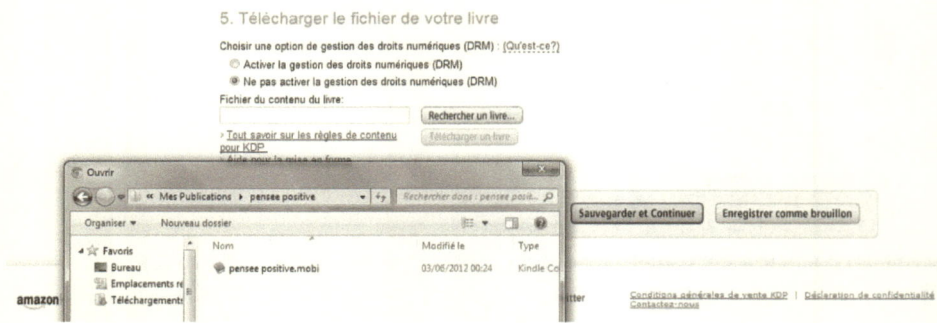

Puis on clique 'Télécharger un livre'. Pour l'option 'DRM' c'est à vous de choisir l'activation des droits numériques ou pas. Personnellement je ne les mets jamais, car cela peut bloquer le partage pour des utilisateurs dont la démarche n'est pas forcément de copier votre contenu.

Et puis c'est reconnu, plus un contenu est partagé et même «copié», mieux il se vend ensuite. Mais une fois de plus, le choix vous appartient. N'hésitez pas à faire plus de recherches sur le principe des DRM avant de choisir, car pour cette fonction-là vous ne pourrez plus revenir en arrière une fois l'ebook publié.

Une fois votre choix fait, cliquez 'Sauvegarder et continuer' même si la conversion de votre ebook par Amazon est toujours en cours : vous pouvez continuer pendant ce process. Vous voilà donc sur l'écran final :

Figure 41 - Amazon KDP: Prix/Royalties

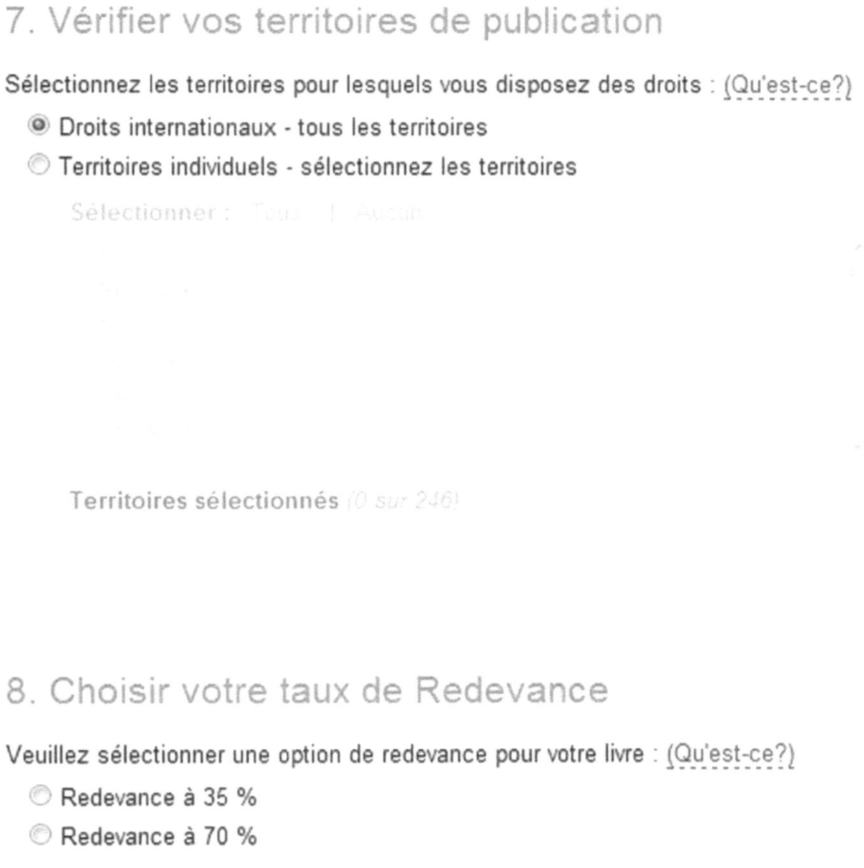

7. Vérifier vos territoires de publication

Sélectionnez les territoires pour lesquels vous disposez des droits : (Qu'est-ce?)

- ⦿ Droits internationaux - tous les territoires
- ○ Territoires individuels - sélectionnez les territoires

Sélectionner : Tous | Aucun

Territoires sélectionnés (0 sur 246)

8. Choisir votre taux de Redevance

Veuillez sélectionner une option de redevance pour votre livre : (Qu'est-ce?)

- ○ Redevance à 35 %
- ○ Redevance à 70 %

Pour les territoires de publication, on peut laisser 'Droits internationaux...' coché. Pour le taux de redevance – autrement dit les royalties que vous allez toucher – le choix va dépendre du prix que vous fixerez.

Pour 35%, le prix doit se trouver entre €0,86 et €173,91. Pour 70 %, Le prix doit se trouver entre €2,60 et €9,70.

Comment fixer votre prix ?

Vous seul(e) pouvez déterminer votre prix, mais si vous éprouvez des difficultés à en fixer un voici ce qui va vous aider :

- Etudier rapidement le marché pour voir quels prix pratiquent ceux de vos concurrents directs qui sont les mieux classés : Surfez dans votre catégorie et relevez cette info en quelques clics.

- Les forums de KDP contiennent des astuces, entre autres sur le choix d'un prix : n'hésitez d'ailleurs pas à explorer les forums de KDP pour y trouver quelques tuyaux.

- un ebook ou 'mini guide' de 15/20 pages ne devrait pas dépasser 0,99 cents. A partir de 50 pages et plus on peut fixer un prix pour un peu moins de 3 €

- Certains prix attirent plus l'oeil que d'autres, par ex. '0,99' ou '2,97'

Note : Avant de fixer/publier votre prix, il faut tenir compte de la TVA Luxembourgeoise de 3% sur l'édition numérique, et qui sera ajoutée automatiquement. Il faut donc prendre votre prix final souhaité, et le diviser par 1,03.

Donc, si vous voulez un prix final de 2,97 voilà un simple calcul avec la calculatrice :

2,97 / 1,03 = 2,8834...

Si la 2ème décimale est 50 ou plus, ce sera 2,89. Ici comme c'est en-dessous (34 dans '2,8834..') on va fixer le prix à 2,88. Avec l'ajout de la TVA de 3% par Amazon, le prix public final sera de 2,97.

Et enfin, attention à la confusion entre dollars et euros ! Une fois votre prix fixé, il ne reste plus qu'à valider :

Figure 42 - Amazon KDP: Vérification et publication

9. Prêt de livres Kindle

☑ Activer la fonction de prêt pour ce livre (Détails)

☐ En cliquant sur « Sauvegarder et Publier » ci-dessous, je confirme avoir tous les droits nécessaires pour rendre disponible au marketing, à la distribution, et à la vente le contenu que je suis en train de télécharger, dans chaque territoire indiqué ci-dessus, conformément aux conditions générales de vente KDP.

<< Retour à votre Bibliothèque   [Sauvegarder et Publier]   [Mettre de côté]

La fonction 'Activer le prêt..' est automatiquement cochée puisque j'ai choisi de ne pas appliquer les DRM. Il suffit ensuite de cocher la confirmation des droits et avant de valider, re-vérifiez bien que vous avez rempli toutes les étapes (En remontant tout en haut de la page, vous pouvez même cliquer sur l'étape 1 pour revérifier la première partie : cela n'effacera pas les données saisies en partie 2).

Si tout est ok donc, cochez la case d'acceptation des conditions et validez. Voilà, votre premier ebook est soumis à publication ! Une fois validé, l'équipe KDP vous alertera par un email pour vous confirmer la publication de votre ebook, et sa mise en ligne dans les quelques heures.

Une fois publié, vous pourrez voir les stats de vente en temps réel dans votre compte KDP sous 'Rapports'. Ma recommandation : N'attendez pas une vague spectaculaire de ventes dès les premiers jours.

Si vous avez bien fait votre petite étude de marché, veillé à un bon contenu de qualité pour vos lecteurs et enfin à un bon formatage, vous ne devriez pas tarder à voir arriver vos premières ventes. Vous avez fait votre partie, maintenant laissez la machine Amazon faire son œuvre et assurer vos ventes.

En attendant, vous pouvez déjà préparer votre prochain contenu et publier l'ebook suivant. Avant, il nous reste une dernière opération qui n'est pas obligatoire, mais destinée à booster vos ventes : Votre profil d'auteur sur Amazon.

Pour revenir sur l'option 'KDP Select' n'hésitez pas à consulter les pages internes d'Amazon KDP mais voici en substance de quoi il s'agit : Avec un système de campagnes pré-programmées, vous pouvez choisir 5 jours de votre choix sur une période de 90 jours, pour proposer votre livre gratuitement pendant 24h.

Ca peut être un bon outil pour faire connaître un nouveau livre, et grimper dans les algorythmes de recherche du moteur interne d'Amazon. L'inconvénient cependant, c'est que pendant cette période de 90 jours (renouvelée automatiquement si aucune intervention de votre part) vous n'avez pas le droit de vendre votre version numérique ailleurs que sur Amazon, ce qui est handicapant pour le jour où vous souhaitez prolonger l'aventure en diffusant vos ebooks dans l'Applestore par exemple.

Cette fonction ne sera pas approfondie davantage, en revanche si vous souhaitez des astuces sur la meilleure façon de l'utiliser, ainsi que plein d'autres astuces régulières, abonnez-vous gratuitement à la newsletter «Secrets d'auto-édition» de La Plume Autonome :

http://www.laplumeautonome.com/newsletter

16. Votre profil d'auteur

Un profil d'auteur n'est pas obligatoire mais c'est bon pour les ventes car vous mettez un visage derrière vos livres, ce qui pour votre image et votre future popularité, vos ventes... Fera évidemment une différence : Les gens préfèrent toujours 'traiter' avec d'autres gens, qu'avec juste une boutique.

Amazon offre la possibilité d'avoir 3 profils d'auteurs depuis le même compte – mais pas dans KDP : il faut vous inscrire gratuitement à la plateforme auteurs d'Amazon, à part :

https://authorcentral.amazon.fr

Au-delà de 3 profils d'auteurs, il vous faudra ouvrir un nouveau compte gratuit sur la plateforme auteurs d'Amazon, qui vous permettra de gérer jusqu'à 3 nouveaux profils. Vous pouvez créer autant de comptes que vous voulez, avec une adresse email différente à chaque fois, et chacun de ces comptes «Plateforme auteurs» vous permettra donc de gérer jusqu'à 3 profils d'auteurs depuis une seule plateforme.

L'inscription est simple, gratuite et vous prendra quelques mn, laissez-vous guider sur la plateforme pour ouvrir votre compte. Vous pourrez y mettre une biographie et des photos. Si c'est votre propre profil avec vos photos et votre nom ou même un nom de plume, il vous suffit de placer ces derniers.

Par contre si vous souhaitez un nom de plume totalement à part avec une ou plusieurs photos spécifiques, il vous suffit de trouver une image 'Libre de droit' comme on a vu plus haut et de préférence sur un site anglophone donc en 'Royalty free images' par exemple.

Une fois sur un site d'images libres de droits, tapez 'man' ou 'woman' dans leur barre de recherche. Vous obtiendrez évidemment une sélection importante d'hommes et de femmes de toutes tranches d'âge, qui ont accepté l'utilisation de leur photo sur Internet. Trouvez de préférence un personnage dont la physionomie s'approche du profil de votre audience trouvé dans Quantcast.

Puis, dès que votre premier ebook est validé par Amazon KDP et en ligne, un numéro dit 'ASIN' sera attribué à votre ebook et sera visible dans votre bibliothèque KDP : Copiez/collez cet ASIN quelque part, dans bloc-notes par exemple.

Puis connectez-vous sur votre profil d'auteur dans 'Author Central'. Une fois identifié sur votre profil, cliquez sur 'Livres' dans la barre de menus du haut : Une option 'Ajouter des livres' apparaît. Cliquez dessus, une nouvelle boîte de dialogue s'ouvre. Dans le petit champ, collez le numéro ASIN de votre ebook et cliquez 'Go'.

Si vous avez entré le bon code ASIN, Amazon trouvera très rapidement votre ebook et il vous suffit de cliquer «C'est mon livre» si c'est bien votre ebook que vous voyez apparaître. Vous pourrez répéter l'opération pour tout futur ebook que vous publiez sous ce nom-là.

C'est tout ce que vous avez à faire pour associer un ou plusieurs ebooks à un profil d'auteur, qui après quelques heures sera automatiquement 'greffé' au descriptif de chaque ebook publié sur Amazon sous ce nom d'auteur.

Et donc par la suite pour d'autres profils / noms de plume, connectez-vous tout simplement sur votre profil auteur principal, puis sur 'Livres' dans le menu du haut ensuite cliquer 'Ajouter livres' et tapez l'ASIN de l'ebook pour lequel vous avez besoin d'un nouveau profil auteur.

Comme on a vu plus haut, il suffit d'entrer l'ASIN et cliquer 'c'est mon livre' : vous serez automatiquement re-dirigé vers la création d'un nouvel auteur !

Vous pourrez ensuite accéder à vos différents auteurs depuis la même plateforme (jusqu'à 3 par compte donc): Lorsque vous serez connecté sur votre profil d'auteur principal, il vous suffira d'aller tout en haut à droite juste à côté de 'déconnexion' et vous aurez 'Bonjour «nom auteur»' à cliquer pour voir la liste de vos différents pseudonymes, qu'il suffit ensuite de sélectionner pour éditer le profil de votre choix !

Conclusion & Continuation

Une fois assimilée l'édition numérique est une activité passionnante, excitante et lucrative, vraiment. J'espère très sincèrement vous avoir donné envie de partager cette passion, et que ce guide vous sera réellement utile.

Vous ne serez jamais à l'abri de petites difficultés au départ, et des quelques efforts à faire avant de vous reposer sur votre fond d'édition et vivre enfin la vie que vous voulez, en touchant vos royalties quelque soit l'endroit où vous vous trouvez et ce que vous faites.

C'est tout simplement magique au final, mais ça ne sort pas d'un chapeau. Ce n'est nullement pour vous décourager que je dis cela, au contraire j'aimerais vous encourager à passer à l'action dès maintenant, et vous rendre compte que finalement vos efforts paient.

Et entre nous, vous conviendrez qu'il existe bien d'autres activités demandant plus d'efforts avec beaucoup moins de récompense au bout. Quant aux programmes sur Internet qui promettent la richesse en deux clics et n'enrichissent que leurs auteurs, on sait tous ce que ça veut dire.

J'ai créé ce livre pour permettre à tous ceux et toutes celles qui veulent à leur tour, faire de vrais revenus dits «passifs» à leur rythme, de pouvoir le faire simplement, tranquillement, sans arnaques ni contraintes de temps et avec un guide complet sur le sujet.

Chaque détail a été pensé pour vous simplifier le processus, mais malgré mon désir fort et sincère d'accomplir cette mission, du soin apporté à la création de ce guide, et de toutes les vérifications de relecture... Peut-être pourriez-vous 'bloquer' à un point ou un autre. Dans ce cas, relisez dans un premier temps et revenez en arrière pour voir si vous n'avez pas oublié une étape.

Si vous bloquez toujours à un point donné, essayez de trouver + d'infos sur le web. Puis, n'hésitez surtout pas à me contacter via le blog =

http://www.laplumeautonome.com

En cliquant 'Contact' Vous trouverez un formulaire de contact pour me joindre directement, ou – MIEUX – n'hésitez pas à laisser un commentaire sous un article afin d'en faire profiter la communauté : Il peut toujours y a voir des lecteurs et lectrices du blog qui rencontrent les mêmes difficultés que vous ;)

De plus, cela permettra de mettre à jour ce guide et de toujours l'améliorer pour vous. Vous pouvez aussi déposer vos commentaires et questions sur la page Facebook de La Plume Autonome :

http://www.facebook.com/laplumeautonome

Et pour ceux et celles d'entre vous qui veulent continuer l'aventure et recevoir des astuces de sioux pour améliorer leur travail et augmenter leurs ventes, il suffit de vous inscrire gratuitement à la newsletter «Secrets d'auto-édition» sur cette page =

http://www.laplumeautonome.com/newsletter

PARTAGEZ VOS IMPRESSIONS !

Pour conclure, j'aurais juste une petite faveur à vous demander ! Si ce guide vous a plu, vous pouvez laisser votre commentaire sur sa fiche Amazon : C'est très simple il vous suffit de cliquer sur «Commentaires clients» puis sur «Créer votre propre commentaire»

Vous permettrez ainsi à d'autres utilisateurs d'avoir un écho d'expérience !

Merci encore pour votre attention et tous mes vœux de succès :)

Amicalement

Remerciements

Mes premiers remerciements vont vers les proches qui m'ont toujours soutenu et continuent à le faire ainsi que tous mes lecteurs – ceux de mes livres (donc merci à vous ;) – mais aussi les lecteurs du blog *La Plume Autonome* – je tiens à vous remercier tous chaleureusement, un grand merci à vous pour exister et partager cette aventure.

Je tiens aussi à remercier tous les «Plumo's» (c'est ainsi que j'ai affectueusement baptisé les lecteurs & lectrices du blog ;) pour leur implication dans le groupe/Mastermind «Skyperoom Secrets d'auto-édition» que j'ai créé tout spécialement pour ceux d'entre vous qui veulent réussir en groupe.

Puis, j'ai une vive reconnaissance pour Amazon, la compagnie la plus smart du monde avec laquelle collaborer.

Aussi, j'ai de vifs remerciements particuliers à l'encontre de *Christian Godefroy*, qui a été le mentor déclencheur de cette fabuleuse aventure qu'est l'auto-édition. Il a été et reste le meilleur inspirateur dans ce domaine, et un grand pionnier qui flairait déjà le potentiel d'un système comme Kindle, bien avant la sortie de cette plateforme.

www.ingramcontent.com/pod-product-compliance
Lightning Source LLC
Chambersburg PA
CBHW031924170526
45157CB00008B/3040